Manuel Schnitzer
Rabbi Lach und seine Geschichten

Manuel Schnitzer

Rabbi Lach und seine Geschichten

Jüdische Anekdoten

Anaconda

Textgrundlage dieser Ausgabe ist der Band M. Nuél: *Rabbi Lach und seine Geschichten*. Berlin: Hesperus 1930. Orthografie und Interpunktion wurden unter Wahrung des Lautstandes sowie sprach-stilistischer Eigenheiten den Regeln der neuen deutschen Rechtschreibung angepasst.

Die Deutsche Nationalbibliothek verzeichnet diese Publikation in der Deutschen Nationalbibliografie; detaillierte bibliografische Daten sind im Internet unter http://dnb.d-nb.de abrufbar.

© 2015 Anaconda Verlag GmbH, Köln
Alle Rechte vorbehalten.
Umschlagmotive: »Menorah«, © Eugene Ivanov / Shutterstock. – »Vintage 1930's Floral Fabric with bouquets Red, Blue, Green«, © CollectiveStudios / iStock
Umschlaggestaltung: Druckfrei. Dagmar Herrmann, Bonn
Satz und Layout: Andreas Paqué, www.paque.de
Printed in Czech Republic 2015
ISBN 978-3-7306-0295-9
www.anacondaverlag.de
info@anacondaverlag.de

INHALT

RABBI LACH

Er war kein Rabbi, sondern ein Musikant, und er hieß nicht Lach, sondern Mendele Steinpilz. Aber wenn du heute in Chrzanow, wo er lebte und begraben liegt, wenn du in all den westgalizischen Städtlein (bis nach Krakau, ja selbst bis nach Tarnow hin), wo jedes Kind seine Schnurren und Schwanke kannte, nach dem Musikanten Mendele Steinpilz fragen wolltest, so möchte wohl nur ein verwundertes Kopfschütteln die Antwort sein.

Mendele Steinpilz? … Nein, diesen Namen hat man dort niemals gehört.

Nach dem Rabbi Lach musst du fragen, reizt es dich, über Mendele Steinpilz etwas zu erfahren. Und dessen wird dann mehr sein, als du erwarten durftest. Denn jedermann über Dreißig hat ihn noch den großen Brummbass streichen sehen in Jossel Kappelmeisters damals weitberühmter Musikbande, die längst dahin ist. Die Älteren aber und die Ältesten werden schmunzeln und alsogleich anfangen, dir die Geschichten des Rabbi Lach zu erzählen. Ein Dutzend, ein Schock … so viel du nur immer magst und aushältst. Weckt doch die eine stets die Erinnerung an eine zweite und dritte, und so ist des heiteren Berichts kein Ende. Und dabei werden sie einander ins Wort fallen, um da zu verbessern, dort zu ergänzen und über Ton und Gebärde zu streiten, und am Ende hast du ungefähr einen Begriff davon, warum Mendele Steinpilz, der Musikant, als Rabbi Lach fortlebt im Gedenken der Leute.

Rabbi Lach – das will sagen: ein Rabbi, der lacht. In gleicher Weise aber auch: ein Rabbi, der lachen macht. Ein Rabbi! Nicht etwa ein »Battgen«, ein »Marschalik«, ein berufsmäßiger Possenreißer und Witzemacher, wie deren heute noch in den kleinen polnischen Städten zu jeder Hochzeit und zu sonstigen Festmälern erscheinen und ihre alten Späße zum Besten geben oder neue, manchmal recht rohe und unsaubere, dazu erfinden, sondern eben ein Rabbi, der, wohlbeschlagen in den heiligen Büchern – in Bibel, Talmud und Midrasch –, seine Worte gut zu setzen und, einem gelehrten Prediger gleich, mit Anstand vorzutragen weiß. Aber dennoch die Fröhlichkeit mit sich trägt und sie ausstreut wie ein Säer das Korn. Ein Rabbi Lach … und nichts anderes.

Der ihm diesen Namen zuerst gegeben, muss kein unfeiner Kopf gewesen sein, denn er traf damit das rechte, und Mendele Steinpilz wird es wohl zufrieden gewesen sein.

Ein Marschalik – wenn auch ein erlesener – zu heißen, nach diesem Ruhm geizte er nicht. Eben darum hatte er sich zur Musik getan, weil er die Spaßmacherei nicht als Geschäft betreiben wollte; hatte sich zu ihr getan, wiewohl er sie so recht nicht leiden mochte, und es ihm wider den Strich ging, zu Tanzereien und fremdem Schmause aufzuspielen. Sagte er doch selbst, dass den Musikanten Essen und besonders Trinken deshalb am besten schmeckten, weil niemand da sei, der ihnen Musik dazu mache …

Aber der große Bass genügte seinem Ehrgeiz völlig, und wenn der einmal zur Unzeit dazwischenbrummte oder gar nicht eingriff in das Orchester, das übrigens nicht nach Noten, sondern »nach'm Gehör« spielte wie eine Zigeunerbande, so lag am Ende auch nichts daran. Jossel Kappelmeister drückte gern beide Augen zu; wusste er doch, dass Mendele Steinpilz trotzdem der Edelstein seiner Truppe war: der Rabbi Lach, um dessentwillen allein die Chrzanower Kapelle oft genug eingeladen wurde, zuweilen sogar über die russische, manchmal aber auch über die preußische Grenze, wenn ein nach Zabrze, Myslowitz oder Beuthen versprengter Chassidäer seiner Tochter nach der Väter Sitte die Hochzeit ausrichten oder die Geburt des Erstgeborenen in ungewöhnlicher Weise feiern wollte.

Der kleine Rabbi Lach war da und dort am Platze; man konnte überall Staat mit ihm machen. Bei den Chassidäern und auch bei den gebildeten deutschen Juden, denn deren Sprache sowohl wie auch jener war seiner Zunge vertraut. Der Jargon von seiner Heimat her – er stammte aus der Gegend von Tarnopol im östlichen Galizien –, das Deutsche von seinen jahrelangen Wanderfahrten, die ihn bis an den Rhein geführt haben sollten. Genaueres hierüber wusste niemand zu sagen; man munkelte nur allerlei. Die einen wollten gehört haben, dass er als »Bocher« von neunzehn Jahren ausgezogen wäre, um, von brennendster Lernbegier erfüllt, die berühmtesten Talmudlehrer in Russland, in Ungarn, Böhmen und Deutschland aufzusuchen. Nirgends aber hätte es ihn lange gehalten, denn es sei neben den wachsenden Zweifeln ein Spott und ein Lachen in ihm gewesen, dessen er nicht mehr Herr zu werden vermochte bei den Vorträgen der Meister. Als verkehrte sich der Sinn ihrer Worte, wenn deren Klang an sein Ohr kam; als sähe er Menschen und Dinge, von denen da gesprochen wurde, plötzlich, und ohne es zu wollen, von der anderen Seite, mit allen sorgsam verheimlichten Schwächen und Lächerlichkeiten. So sei er denn schließlich den Schulen entflohen und mehr noch sich selbst, da er ernstlich fürchtete, sein Spott und sein Lachen müssten je schärfer und gellender werden, je tiefer er in die Wissenschaften eindrang, und da es ihm besser schien, ein Unwissender zu sein denn ein »Acher«, ein Ungläubiger, ein Ketzer. Hätte er dies alles noch in sich verschließen können, wie es manch ein anderer verstand! Aber das war es eben: Er vermochte nicht zu schweigen; seine Gedanken schrien nach Befreiung, und was ihm in den Sinn kam an Spöttereien, das wollte wie mit Gewalt aus ihm heraus …

So erzählten die einen, und nicht die schlechtesten; und sie freuten sich dieser nachdenksamen Geschichte, die eine wahre Komödiantentragödie ist. Denn als ein Komödiant gilt den Leuten von Chrzanow jeder, der nicht allein mit der Welt und mit sich selbst, nein, auch mit den göttlichen Dingen sein witziges Spiel treibt.

Als ein Komödiant – das heißt: Der Mann ist nicht verantwortlich zu machen, es liegt in seiner Natur; Gott hat ihn so haben wollen, wie er ist; man darf deshalb mit ihm lachen, ohne gleich einer Sünde schuldig zu sein – – – aber dabei auch so ein bisschen über ihn … Darin liegt für den Frommen, der nach Gottes Willen ein milder und wohlwollender Mann sein soll und dem Heiteren nicht abgeneigt, eine Art Entsühnung.

Die anderen aber – und nicht die besten – mochten solche schönen Geschichten nicht gelten lassen. Des einen Teils, weil sie nüchterne Pedanten waren, die von Zwiespälten in der Menschenbrust nichts wissen; des anderen Teils, weil sie niemals zugegeben hätten, dass aus einem begabten Talmudstudenten ein lachhafter Mann werden könnte, und nicht einer wie sie selbst. Freilich wussten diese, dass Mendele Steinpilz in jungen Jahren mit einem zum Schnorrer herabgesunkenen Rabbi, des Namens Peritz Linkerhand aus Krakau, den man wegen seiner Wunderlichkeiten überall weggejagt hatte, durch die Welt gezogen war, und man behauptete, dass er dem all das abgelernt habe, womit er jetzt sein reichlich Brot fand: Schnorrerwitz und Schnorrerkünste …

Aber wie dem auch sei – beiderlei Art Leute fanden ihr Vergnügen bei ihm, und sie hatten nicht nur hierin recht, sondern auch in ihren Meinungen über Mendele und seinen Lebenslauf. Tatsächlich war er einst ein Bocher, von dem man Großes erwarten durfte, und ebenso tatsächlich hatte er den Rabbi Peritz Linkerhand, der nüchtern ein Weiser, im leichten Rausch ein von taufenden Einfällen sprühender Schalk, im schweren aber immer noch ein lachender Philosoph gewesen sein muss, auf seinen Fahrten begleitet als Diener, als Führer und Schüler. Bis der Meister – fast siebzigjährig – irgendwo in der Nähe von Worms auf der Landstraße sich hinlegte, noch einen Schluck aus der Schnapsflasche nahm und bei vollen Sinnen das Totengebet sprach. Und dann die Augen für immer schloss, mit einem seltsamen Kichern und den Worten: »Lach doch, Mendele … immer lach …«

Dem aber war's zunächst nicht danach, als er nach Rabbi Peritz' Bestattung – in Worms liegt er begraben – allein weiterzog, um sich hier als Flickschneider, dort als Maurer, an anderen Orten als Uhrmacher, als Zigarrenwickler oder als Lehrer (von all diesen Dingen verstand er etwas) zu verdingen, bis er wieder verschwand, weil die Unrast in seinem Blute war. Wo er hinkam, gewann er sich bald Freunde – besonders in den deutschen Dörfern, bei den Bauern, die der kleine blonde Mann mit den klaren blauen Augen und seiner Art, in Gleichnissen und Geschichten zu sprechen wie die Bibel und der Herr Pfarrer auf der Kanzel, umso mehr anmutete, als Gleichnisse und Geschichten gar vergnüglich sich anhörten. Ob er ihnen vom Erzvater Jakob erzählte, wie der seinen Schwieger, den rothaarigen Laban, mit den gefleckten und gesprenkelten Lämmern überlistete, oder von den Käuzen im Nachbardorf – in allem war viel von jener Schalkheit, die in den Bauern steckt, und des Schmunzelns und Lachens wollte kein Ende werden, wenn Mendele Steinpilz nach Feierabend im Wirtshause unter den Leuten saß und auf ihre Kosten trank: Denn auch darauf verstand er sich. Bis zum letzten Tage seines Lebens.

Einmal im Winter geschah es, dass er in einem verschneiten Dorfe in der Heide festsaß. Die Ortschaft bestand nur aus zehn und etlichen Gehöften, und er hatte dort keine andere Arbeit gefunden als die, ein paar Uhren instand zu setzen. Nun war er damit fertig und konnte nicht fort. Freilich brauchte es ihm nicht leidzutun, denn er fand bei den reichen Bauern, die ihren Spaß mit ihm hatten, gern gebotene Gastfreundschaft und reichlich Essen und Trinken. Wie der Schnee aber immer mehr und immer dichter vom Himmel kam, und Mendele Steinpilz fast traurig darüber wurde – denn es trieb ihn weiter –, fragten ihn die Leute, ob er, der doch schier ein gelehrter Mann sei und ein guter Gesell dazu, ihre Kinder nicht eine Zeitlang unterrichten könne? Sie hätten gehört, dass man im Leben besser vorwärts komme, wenn man eine fremde Sprache kenne, und ob er nicht vielleicht etwas Französisch wisse, das er ihren Sprösslingen, solang dieser Winter währe, beibringen wolle? Nun verstand der ehemalige Talmudschüler aus Tarnopol in Galizien mancherlei, aber von der französischen Zunge hatte er keine Ahnung, bis etwa auf »*merci!*« und »*assez!*« (»*genug!*«), welch letztes Wort sich seit einer geheimnisvollen Niespest im siebzehnten Jahrhundert in ganz Polen als eine Art Segenswunsch beim Niesen erhalten hat.

Was aber verschlug's ihm? Aus Übermut sagte er ja, und weil er im fröhlichen Anfang eines Rausches war – von dem dampfenden Grog kam der, womit man ihn traktierte –, begann er alsogleich darzutun, wie leicht ihm sein Französisch von den Lippen fließe:

»Chad gadjúh ... chad gadjúh ... d'sabijn abuh ... bitreij susij ... chad gadjúh ... chad gadjúh ...«[*]

Und während er die seltsamen Worte, ein wenig singend, aber mit ernsthafter Miene, hervorsprudelte, zwinkerte er mit den Augen – genau so, wie Rabbi Peritz es immer getan hatte, wollte er den Wissenden unter seinen Zuhörern eine Fopperei ankündigen, die den anderen galt und durch vorschnelle Bemerkungen nicht um ihre Wirkung gebracht werden sollte.

Aber unter den wackeren Bauern der Heide war kein Wissender. Ihnen allen klang das »Chad gadjúh«

---

[*] Übersetzung: »Ein Zicklein ... ein Zicklein ... mein Vater hat es gekauft ... für zwei Pfennig ... ein Zicklein ... ein Zicklein ...« Dies ist die Anfangsstrophe eines uralten jüdischen Volksliedes, das vor Jahrhunderten schon in das Legendenbüchlein (Haggada) für die Passahfeier aufgenommen wurde und seinen Abschluss bildet. Es gilt als fröhliches Lied und wird nach dem Festmahl, bei dem der Weingenuss – mindestens vier Becher – vorgeschrieben ist, von der Tafelrunde nach einer lustigen Melodie gesungen. Bei alledem erzählt es die große Welt- und Schicksalstragödie von dem Schwachen, der dem Stärkeren unterliegen muss: von dem Zicklein, das von der Katze gefressen wird, bis zum Todesengel, den Gott selbst richtet. Denn die Katze wird vom Hunde, der Hund vom Stocke, der Stock vom Feuer, das Feuer vom Wasser, das Wasser vom durstigen Vieh, dieses von dem Schlächter und der vom Todesengel vernichtet ... Eine deutsche Nachbildung dieser berühmten Parabel haben wir ja in dem Kinderliede: »Der Herr, der schickt den Jockel aus, er soll den Hafer schneiden.«

mindestens so komisch wie der Snak eines richtigen »Parlewuh«-Franzosen, und sie krümmten sich vor Lachen über die nie gehörten Laute und tranken dem kleinen Juden zu, der also fortfuhr: »*Weoszuh schunruh … weochluh l'gadjúh … d'sabijn abuh … bitreij susij … chad gadjúh … chad gadjúh …*«*, und nicht eher aufhörte, als bis die rächende Gottheit den letzten Missetäter gestraft hatte.

Da waren sie sich aber auch schon einig, dass der »verdüüfelten Keerl«, dem das Französisch so glatt vom Maule ging, bei ihnen bleiben und von dem »dollen Tüük« ihren Jungs und Mädels so viel beibringen sollte, als in die harten Bauernschädel nur immer hineinmochte. Mendele Steinpilz jedoch quoll das Spötterherz vor Freude über den wohlgelungenen Streich, den ihm die Laune eines Augenblicks beschert hatte. Nicht im entferntesten dachte er daran, ihn fortzuspinnen, rechnete vielmehr für den kommenden Tag auf gut Wetter zur Weiterfahrt und an ein lustiges Abschiedswort, das seine Gastfreunde aufklären würde. Und so durfte er vor der Hand – und umso mehr, als das Gelächter dem Handel jedes Gewicht zu nehmen schien – einschlagen und das Geschäft bis nach Mitternacht mit allerlei guten Tropfen begießen.

Am nächsten Morgen aber wollte des Schneiens immer noch kein Ende werden. Im Gegenteil. Um das Dörflein, in dem alle Hände und Schaufeln daran waren, einen kümmerlichen Weg von Hof zu Hof zu bah-

---

* Übersetzung: »Es kam die Katze … sie aß das Zicklein … das mein Vater gekauft für zwei Pfennig … ein Zicklein … ein Zicklein …«

nen, wuchs der weiße Wall mannshoch empor und höher, fror fest, und des Wanderlustigen Ranzen blieb ungeschnürt in der Wirtshauskammer liegen.

Nun musste er ihnen im Ernste das Wort halten, das er ihnen im Spaß gegeben, und wenigstens versuchen, den Heidejungen und Mädeln, die ja doch nicht ins nächste Kirchdorf zur Schule konnten, sowie allen, die von der seltenen Gelegenheit profitieren wollten, sein Französisch beizubringen.

Dies Französisch, das man zu des weisen Königs Salomon glorreichen Tagen in der heiligen Stadt Jerusalem gesprochen …

Nun, es mag seltsam klingen, ist jedoch nach des Rabbi Lach eigener Versicherung die lautere Wahrheit: Sie lernten insgesamt mit Lust – denn es gab manchen Spaß beim Unterricht –, und kaum war eine Woche vorbei, so konnten der und die und jene und dieser ein paar Verse des ersten Psalms in seiner erhabenen Ursprache so schön vortragen, dass den Alten beim Zuhören die Tränen in die Augen kamen wie bei einer Feierpredigt. Hatte ihnen der putzige Fremde doch gesagt, was er zunächst lehre, und dass alle Geheimnisse der französischen Sprache sich bei der Übersetzung einzelner Bibelstücke am herrlichsten offenbaren. So ging alles ganz ehrlich zu (bis auf die Kleinigkeit, dass Mendeles Französisch … Hebräisch war), und man war's wohl zufrieden, dass die heiligen Bücher die Grundlage sein sollten für eine

Sprache, die sonst von leichtfertigen und gottlosen Windbeuteln gesprochen wird – als welche die Franzosen nun einmal sind.

Auch ein paar landläufige Redensarten wussten sie bald wie die Tagesgrüße und allerlei Fragen von Ergehn und Tun; am besten aber das Lied vom Zicklein mitsamt seiner wunderlichen Weise, wie sie beim Festmahl am Passahabend allüberall, zumal bei den Juden in Polen, gesungen wird: *Chad gadjúh … chad gadjúh …* Da taten selbst die Alten mit, und sie fanden's spaßig, so ein französisches Lied wenigstens im Kehrreim mitbrummen zu können.

Freilich, als der Schnee wegschmolz, empfahl sich auch Mendele Steinpilz in aller Heimlichkeit, und er dachte nicht daran, im nächsten Dorf nach Arbeit zu fragen. Auch im zweit- und übernächsten nicht. Sondern viele Meilen legte er zwischen sich und die braven Leute, die er sein Französisch gezwungenermaßen gelehrt hatte. Wusste auch, warum. Wenn der Pastor kam, fand der Spaß ein jähes und bitteres Ende, denn spotten ließen sich, waren sie auch sonst gemütlich, die Heidebauern nicht. An Spott aber sollte es dann lange Zeit hindurch nicht fehlen, und als Mendele Steinpilz nach einigen Jahren wieder durch die Gegend zog, hörte er, wie man seine Freunde auf zehn Meilen in der Runde die »hebräischen Franzosen« nannte und von ihnen ein seltsames Kauderwelsch sang:

Parlez vous?
Chad gadjúh …

Und damals machte er einen weiten Umweg um das Dörflein in der Heide. Dort mögen noch alte Leute leben, die mehr davon wissen …

Dass Chrzanow am Ende Mendele Steinpilz' Heimat wurde, das war ein Zufall. Wäre er dort, wo er den Versöhnungstag feiern wollte, nicht schwer erkrankt, so hätte er sein Wanderleben wohl fortgeführt und schließlich – wie einst Rabbi Peritz Linkerhand – irgendwo auf fremder Landstraße seinen letzten Atemzug getan. Aber in Chrzanow geschah ihm Gutes. Er fand Aufnahme und Pflege im Hause von Toddele Bass, dem Musikanten, und bei dessen Tochter, einem schönen und stillen Mädchen, etwas, das der Frühverwaiste nie gekannt: einen Hauch von Frauenliebe. Vielleicht dass es bei diesem Roman des Siebenunddreißigers und der Achtzehnjährigen so zuging wie bei jenem berühmten des venetianischen Mohren und der Tochter des stolzen Brabantio; dass hundert lustige Geschichten Mendeles und seine eigene, die gar nicht lustig war, ihm Täubeles Herz gewannen:

> Das zu hören,
> War Desdemona eifrig stets geneigt
> – – – – und mit durstgem Ohr
> verschlang sie meine Rede – – –

Kurz, es gab Hochzeit trotz des Geschreis der Verwandtschaft, die über Mendele Steinpilz allerlei böse

Dinge aussprengte. So, dass er zwanzig Jahre lang »bei die Deitschen« Schweinefleisch gegessen habe und wahrscheinlich dreimal »geschmattet« (getauft), zum mindesten aber in sämtlichen Zuchthäusern Preußens zu Gast gewesen sei.

Nun ging es ihm übel genug mit den hundert Handwerkskünsten, die er auf seinen Fahrten schlecht und recht erlernt hatte, und man wandte auf ihn, der niemals seine gute Laune verlor, das Sprichwort an: »Viel Meloches, wenig Broches« (»Viele Talente, wenig Segen«), bis Toddele Bass das Genie seines Schwiegersohns entdeckte und die Leute anfingen, seine Art zu verstehen und still zu werden, wenn er zu sprechen begann: wie ein Prediger so weise, und gleichzeitig wie ein Spaßmacher so närrisch. Mit Worten, die wie gelehrt sich anhörten und dennoch erfüllt waren von Fröhlichkeit. Mit Geschichten, die er da und dort vernommen und die sinnreich und nachdenksam klangen, und aus denen es zuweilen herausschlug wie brennender Spott. Da wurde er ihnen der Rabbi Lach, von dem heute noch die Rede geht zwischen Chrzanow und Krakau.

Der Rabbi Lach!

Viele seiner Geschichten werden hier erzählt: Solche, die ich als Kind von ihm gehört, wenn er mit Jossele Kappelmeisters Musikbande nach Drillichau kam und zu Schmaus und Tanz den großen Bass strich; solche auch, die mir in Chrzanow und anderwärts – bis nach Krakau und Tarnow hin – berichtet wurden, wenn ich in späteren Jahren den und jenen nach dem Rabbi fragte. Andere fügte ich hinzu, die Mendele Steinpilz nicht mehr kannte, die aber dennoch seines Geistes sind.

Denn das Geschlecht der Rabbi Lach ist überall zu Hause: Man muss nur Augen und Ohren haben, sie herauszuerkennen aus der Menge der lärmenden Possenreißer.

Die Rabbi Lach, die die Fröhlichkeit mit sich tragen und sie ausstreuen wie ein Säer das Korn …

VON WEISEN RABBIS

Von dem weisen Rabbi Gamaliel erzählt der Talmud: Einst kam ein Heide zu ihm, der eifrig über Gott und seine Lehren nachzudenken gewohnt war und manchen Widerspruch in der heiligen Schrift gefunden hatte, wie es denn viele Heiden gab, die sich mit den biblischen Büchern beschäftigten.

»Rabbi«, sagte er, »dies erscheint mir seltsam. Euer Gott sagt von sich selbst, dass er neben sich keine anderen Götter dulde, und droht, deren Anbeter zu vernichten. Warum wendet er seinen Zorn nicht lieber gegen die Götzen, die ihm verhasst sind?«

Der Rabbi erwiderte:

»Höre mein Gleichnis. Es war ein Fürst, der hatte einen Sohn. Der Sohn war ungehorsam und nicht von der Art seines Vaters. Den suchte er vielmehr zu betrüben und zu kränken, und so war er frech genug, seinem Hunde des Vaters Namen zu geben. Davon hörte der Fürst und geriet in heftigen Zorn. Gegen wen, meinst du wohl? Gegen den Hund oder gegen den Sohn?«

Der Heide war von diesem Gleichnis nicht völlig befriedigt und rief:

»Ja, wenn euer Gott aber alle diese Götzen, deretwegen er zürnt, mit einem Mal vernichtete! Alle diese Götter der Berge, der Flüsse, des Lichtes? Wenn er sie vernichtete für immer, so bestände doch nicht mehr die Gefahr, dass die Menschen in Irrtum verfallen und sie anbeten?«

Der Rabbi antwortete:

»Du sagst es selbst, sie beten an das Meer und die Flüsse, sie beten an die Luft, das Feuer, den Mond und die Sonne und die Sterne. Nicht so? Nun, sollte Gott, um den Irrtum seiner Geschöpfe zu wehren, die Sonne zerstören und die Flüsse versiegen lassen und seine ganze Schöpfung wieder zunichtemachen? Noch ein Gleichnis höre! Ein Dieb sät gestohlene Sämereien aus … Sollte dieser Samen nicht keimen und keine Frucht tragen, weil er gestohlen ist? …«

»Warum«, so wurde Rabbi Assi, ein Weiser zu Jerusalem, gefragt, »warum sind unsere Feste unter den Juden, die zu Babylon leben, heiterer und fröhlicher als in der Stadt Davids?«

Der Weise antwortete:

»Weil die Juden zu Babylon arm sind …«

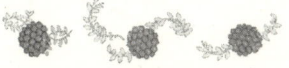

In einem ungarischen Städtchen bespricht der Rabbi mit seinen Talmudschülern die Legende von Mordechai und Esther, der späteren Gemahlin des Königs Ahasveros, der da herrschte von Hodu bis Kusch über hundertsiebenundzwanzig Landschaften.

Diese Legende weiß von einem ganz erstaunlichen Wunder zu berichten, dessen die Heilige Schrift selbst nicht einmal andeutungsweise Erwähnung tut. Der Rabbi trägt es seinen Hörern vor.

»Mordechai«, erzählt er, »war vor dem Zorn Hamans, der nach seinem Leben trachtete, in die Einöde geflohen. Dort, fern von allen Menschen und jeder Hilfe, lebte er von Wurzeln und Kräutern. Eines Morgens, da er nach Nahrung suchte, fand er, im Gebüsche versteckt, ein neugeborenes Kind, das eine Mutter wohl ausgesetzt haben mochte, voller Mitleid mit dem kleinen wimmernden Geschöpf, nahm er es auf und sah, dass es ein Mädchen sei. Wie aber sollte er es am Leben erhalten? Er, ein Armer und Verbannter, der sich nicht in die Nähe der Menschen wagen durfte? Und doch sagte ihm sein Herz, dass er sich des gefundenen Menschenkindes annehmen müsse. Da begann er inbrünstig zu beten, und siehe: Gott tat ein großes Wunder. Mordechais Brust begann zu schwellen und zu schwellen, bis sie eines Weibes Brust wurde, und so konnte der Mann den Findling nähren gleich einer Mutter …«

Kaum hat der Rabbi die Erzählung beendet, da beginnen die Schüler zu murren, und einer von ihnen spricht:

»Rabbi, wir verstehen nicht, warum Gott in diesem Falle ein solches Wunder getan hat, das wider die Natur ist …«

»Was denn hätte er tun sollen, du Vorwitziger!«, ruft der Lehrer.

»Nun«, meint der Bocher, »er hätte sich die Sache doch leichter und weniger umständlich machen können. Zum Beispiel: Warum hat er nicht gelegt neben die kleine Esther einen Beutel mit Goldmünzen? Da hätte sich Mordechai doch helfen können …«

»Unnützer«, unterbricht ihn der Rabbi zornig, »wenn Gott ein Wunder wirken kann, was braucht er bar Geld zu riskieren?!«

Zwei jener kleinen Wunderrabbis, die in Galizien von Städtchen zu Städtchen ziehen, um ihren chassidischen Gläubigen gleichsam eine direkte Verbindung mit dem lieben Gott zu verschaffen für die Wünsche ihres Herzens, treffen in solch einem Örtchen unerwartet zusammen. Das ist beiden sehr unangenehm, aber sie sind nun da und müssen zusehen, wie sie sich gegenseitig die ratsuchenden Chassidim abfangen oder wie sie gemeinsam das Geschäft machen könnten.

Nach längeren Verhandlungen zwischen ihren Gabbajim (Geschäftsführern) beschließen sie, vor den »Frommen und Gerechten« des Städtchens eine Art Disputation abzuhalten, damit sich erweise, was jeder von ihnen an erstaunlichen Wundertaten vermöchte.

Als nun die Leute beisammen sind, beginnt Rabbi Elje Tarnopol:

»Da war ich einmal in einer Stadt, und es war an der Erev Schabbes (Vorabend des Sabbats, also Freitag). Es war ein heißer Sommer und alles Gewässer versiegt. Das Flüßchen, der Bach, der Mühlteich – alles ausgetrocknet. Die Leute in der Stadt aber waren seit Urzeiten gewöhnt, am Vorabend des Sabbats ein Gericht Fische zu essen, und sie hielten es für ein böses Zeichen, dass sie es diesmal nicht tun konnten. Denn wo kein Wasser ist, ist auch kein Fisch. So kamen sie zu

27

mir und klagten ihr Leid. Was tu ich also? Ich gehe mit ihnen an das ausgetrocknete Flüßchen, werf mich nieder auf meine Knie und fang an zu beten zu Gott, dass er möge den Frommen die Fisch geben für den heiligen Sabbat. Wie ich aber so bet und bet mit gewaltiger Inbrunst – o Wunder! – was ereignet sich? Da kommen geschwommen in dem ausgetrockneten Fluss zwei Fisch ... und noch zwei Fisch ... und hundert Fisch ... und tausend Fisch ... Fisch, Fisch, Fisch ... dass sie sich alle haben nehmen können, wie viel sie nur haben gewollt ...«

Nachdem die Zuhörer sich von ihrem Staunen erholt und die Beifalls- und Glückwunschrufe über ein solches Wunder und das Zungenschnälzeln – der höchste Grad der Anerkennung – aufgehört hatten, nahm Rabbi Cheskel Katz das Wort:

»Da bin ich einmal gewesen in einem Städtel, und es war Mozze Schabbes (Ausgang des Sabbats, Sonnabendabend). Die Frommen in dem Städtel waren aber gewohnt, an jenem Sabbat die ›Lewone‹ (den Mond), wie das üblich ist, durch ein gemeinsames Gebet zu begrüßen. Nun war aber der Himmel behangen mit schweren, dunkeln Wolken und kein Mond zu sehen und kein Mond zu erwarten. Was sollten die Leute also tun? Da sie nun wussten, dass ich in ihren Toren weilte, kamen sie zu mir und klagten mir ihre Not, denn auch sie sahen ein böses Zeichen darin, dass an jenem heiligen Abend der Mond bedeckt war mit Wolken. Was tu ich? Ich stell mich mitten unter die Klagenden und fang an zu beten und bet mit einer solchen Inbrunst, dass die Spitzen von meinen Fingern beginnen zu leuchten in der Nacht. Und was tut Gott? Ein großes Wunder tut er! Aus den schweren, schwarzen Wolken heraus kommt gegangen eine Lewone und noch eine Lewone ... und noch sieben Lewones ... und hundert Lewones ... und tausend Lewones ... und Lewones, Lewones, Lewones ...«

Da ruft Rabbi Elje Tarnopol ingrimmig:
    »Cheskel Katz, wie kannste so lügen?!«
    »Wieso lüg ich?«, erwidert der andere Rabbi.
    »Wie können rauskommen tausend Lewones aus den Wolken, wenn es im ganzen Weltall nicht gibt so viel Lewones? Lass runter ein paar von den Lewones!«
    »Nu«, antwortet Cheskel Katz und lacht, »nu, Elieser Tarnopol, lass du runter von deine Fisch, lass ich runter von meine Lewones ...«

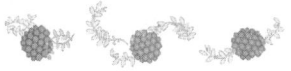

An einem heißen Sabbatnachmittag sitzen die Chassidim von Czortkow in Galizien um ihren Wunderrabbi und essen Honigkuchen zum Schnaps und klären (nachsinnen, debattieren) über die Rätsel der Schöpfung.
    »Rabbi«, fragt einer, »Rabbi, sagt uns, warum es ist im Sommer warm und warum es ist im Winter kalt?«

Der Rabbi denkt eine Weile nach.

»Hört an«, sagt er, »ihr Männer, das will ich euch erklären. Ihr wisst, dass man heizen muss im Winter. Das wisst ihr. Nu, wenn man heizt, wird doch warm. Nicht? Das ist klar. Wohin aber kommt die Wärme? Denn dass sie wieder weggeht aus der Stube und aus dem Ofen, das wisst ihr auch. Die Stube wird wieder kalt und der Ofen wird auch wieder kalt und man muss wieder heizen. Also, wohin geht die Wärme, die man gemacht hat mit dem Heizen? … Nu, in die Luft geht sie und steigt rauf in die Höhe, bis über die Wolken. Dort sammelt sie sich, die Wärme, und es wird ihrer immer mehr und mehr, und sie wird schwerer und schwerer, versteht ihr? Also, wenn sie ist so schwer geworden, dass sie sich nicht mehr halten kann in der Luft, die Wärme, fangt sie an zu sinken und sinkt immer tiefer und tiefer, bis sie wieder ist auf der Erde. Und wenn sie ist wieder auf der Erde, ist es doch auch wieder warm auf der Erde, und dann ist Sommer … Und deshalb ist es warm im Sommer …«

»Schön, Rabbi«, sagt der Frager, »das ist jetzt klar. Wir wissen, warum es ist warm im Sommer. Warum ist es aber kalt im Winter?«

»Unwissender«, ruft ihm der Rabbi zu. »Wisst ihr nicht, dass in der Natur alles zusammen- und voneinander abhängt? Wenn es ist warm im Sommer, weil man heizt im Winter, so ist es kalt im Winter, weil man nicht heizt im Sommer …«

Ein andermal wollen die Chassidim von ihrem Rabbi wissen, wie der Regen entsteht?

Während draußen der Regen niederklatscht, erklärt der Rabbi:

»Der Regen, das wisst ihr, kommt aus den Wolken. Die Wolken aber sind wie Schwämme, was haben sich vollgesaugt mit Wasser. Und nu ziehen diese Schwämme, getrieben von Wind, am Himmel. Von rechts kommen die Schwämme, von links kommen die Schwämme, und in der Mitte stoßen sie zusammen und drücken sich. Und wenn man drückt einen Schwamm, der voll ist von Wasser, was kommt raus aus dem Schwamm? Wieder Wasser! Und das Wasser fällt runter auf die Erde, und so macht sich der Regen …«

Diese Erklärung scheint den Chassidim nicht sehr einleuchtend, sie verlangen einen Beweis für die Theorie, die der Rabbi aufgestellt hat.

»Was braucht ihr einen Beweis?«, ruft er, »Ihr seht doch, dass es regnet …«

Der Wunderrabbi von Grätz in Posen – das Geschlecht ist dort ausgestorben – hat einem an Fettsucht leidenden reichen Mann aus Russisch-Polen den Rat gegeben, nach Marienbad zu gehen und dort die Kur zu gebrauchen.

Nun kommt der Mann ebenso feist, wie er gewesen, zurück und macht dem Rabbi vorwürfe:

»Nu, Rabbi, bin ich geworden mager? Ooßer (ausgeschlossen!) bin ich geworden mager. Und Ihr habt doch gesagt, wenn ich geh nach Marienbad, werd ich werden mager …«

»Wohl«, erwidert der Rabbi, »ich hab gesagt, wenn Ihr geht nach Marienbad, Jossele Grünwurst! Aber seid Ihr denn gegangen? Ooßer seid Ihr gegangen. Ihr seid gefahren mit der Eisenbahn …«

Ein ängstliches Frauchen kommt zu demselben Rabbi mit einer höchst schwierigen Ritualfrage. Bei den Vorbereitungen für das Passahfest, an dem den Frommen der Genuss alles Gesäuerten, also auch des Brotes verboten ist, sowie dessen, was mit Gesäuertem in Berührung kam, ist ihr ein Brot auf das Brennholz gefallen, mit dem sie die Ostermahlzeit kochen wollte. Und dieses Brennholz, meint sie, ist deshalb auch Chomez (gesäuertes) geworden. Was man unter solchen Umständen tun könne und dürfe?

Der Rabbi hört die arme, übergläubige Frau lächelnd an und sagt schließlich:

»Ihr habt recht, Fradl Oschpeziener, das Holz ist Chomez. Da ist nischt zu machen, und ihr müsst es Stück for Stück verbrennen …«

Denselben Rabbi sucht der Handelsmann Leibele Kuh aus Kempen auf, um sich über einen Graetzer Kaufmann zu beschweren. Dieser habe ihm einen Brief geschrieben, aber aus Spottsucht nicht mit der Aufschrift

»Herrn Kuh« versehen, sondern an »Herrn Ochs« adressiert. Ganz Kempen lache jetzt über ihn, und er bitte, gegen den Unfugstifter den Bann zu verhängen.

Der Rabbi lacht wie ganz Kempen und sagt:

»Leibele Kuh, was wollt Ihr? Was ist's schon for'n Unterschied? Ochs oder Kuh ... Kuh oder Ochs ... Die Hauptsach ist: Er hat gewusst, Ihr seid ein Rindvieh ...«

Israel Sauerteig hat in Wien gute Geschäfte gemacht und entschließt sich infolgedessen, seiner Frau etwas ganz Außergewöhnliches mitzubringen. Ein sprechender grüner Papagei, den er Tag für Tag im Vorbeigehen bewundert, hat es ihm besonders angetan, und so kauft er den wunderbaren Vogel und reist mit ihm nach seinem weltvergessenen galizischen Heimatstädtchen ab. Da er aber in Lemberg für mehrere Tage aufgehalten wird, schickt er den Käfig mit der Post weiter und schreibt dazu ein Briefchen, in dem er mitteilt, was man dem Tier zu fressen geben möchte. Dass es auch sprechen könne, erwähnt er nicht, denn das soll die große Überraschung sein.

Der Papagei kommt an. Sauerteigs Frau hat noch niemals einen solchen Vogel gesehen und eilt deshalb zum Rabbi des Städtchens. Der weiß zwar mit dem kreischenden Tiere auch nichts anzufangen, beginnt aber in seinen paar Büchern zu studieren und entscheidet schließlich: »Der Vogel ist eine grüne Gans, und eine Gans, ob sie ist grün oder weiß oder grau, darf gegessen werden.«

Das Tierchen wird darauf in der vorgeschriebenen Weise geschlachtet, gebraten und verzehrt. Es schmeckt zwar etwas zäh und sonderbar, aber eine grüne Gans ist nun einmal eine Rarität und als solche lässt man sie eben gelten.

Als Israel Sauerteig nach einigen Tagen eintrifft, fragt er sofort nach dem Vogel und erfährt, was vorgefallen ist. Darauf läuft er, ergrimmt, zu dem kleinen Rabbi und macht ihm Vorwürfe:

»Ihr Unwissender, Ihr Pferd unter den Rabbis«, schreit er. »Eine grüne Gans ist es gewesen, was ich hab für teures Geld gekauft und meiner Frau geschickt? Es war ein wunderbarer, gelehrter Vogel, was hat sprechen können!«

Der Rabbi darauf mit Seelenruhe:

»Sprechen können?! Wie heißt? Warum hat er nischt gesagt?«

Ein Rabbi kehrt auf der Reise in einem kleinen Dorfwirtshause ein, und es wird ihm sogleich Kaffee vorgesetzt. Während er ihn trinkt, kommt Jainkel Goldfisch, der Wirt, und fragt seinen Gast, wie es ihm schmecke.

Der Rabbi sagt:

»Euer Kaffee hat wie alles auf der Welt zwei Eigenschaften: eine gute Eigenschaft und eine schlechte Eigenschaft. Die gute ist: Es ist keine Zichorie in Eurem Kaffee, die schlechte Eigenschaft ist: Es ist kein Kaffee in Eurem Kaffee.«

In einer kleinen Gemeinde Galiziens ist zwischen dem Rabbi und dem Chason (Kantor, Synagogensänger) ein Zwist ausgebrochen. Eines Sabbats nach dem Gottesdienste, während die Andächtigen sich zum Verlassen des Tempels anschicken, kommt es zwischen den beiden zum Zank, und der Chason ruft zornentbrannt aus:

»Der Rebbe ist ein Gannef (Spitzbube)!!«

Der Rabbi verklagt ihn beim Gemeindevorstand, und dieser bestimmt, dass der Chason am nächsten Sabbat nach Beendigung des Gottesdienstes in Gegenwart derselben Leute, die den Schimpf mitangehört, die Beleidigung dreimal widerrufen müsse.

Das verspricht er zu tun. Als der Augenblick kommt, erhebt er seine Stimme und ruft in fragendem Ton:

»Der Rebbe ist kein Gannef?«

Und noch einmal:

»Der Rebbe ist kein Gannef??«

Ehe er diese Worte zum dritten Mal wiederholen kann, schreit ihn der Vorsteher an:

»Was fällt Euch ein? Was für'n Ton? … Das gilt nicht!«

»Wie heißt Ton«, gibt der Sänger zurück, »dafür bin ich doch Chason …«

Mehr zum Spott einer gewissen Leidenschaft, nämlich der des Retichessens, die die westdeutschen Juden ihren östlichen Glaubensgenossen nachsagen – sie haben wohl nicht ganz unrecht in diesem Falle –, mehr zum Spott also dieser Leidenschaft als der Rabbis wird das folgende Geschichtchen erzählt:

In dem posenschen Städtchen Krotoschin predigt ein Rabbi, muss aber die Wahrnehmung machen, dass die andächtige Gemeinde, Mann für Mann, bei seiner Rede eingeschlafen ist.

Da packt ihn ein heiliger Zorn. Er nimmt das Buch, das vor ihm liegt, schmettert es auf die Pultplatte, dass es kracht, und ruft schmerzlich bewegt:

»Red ich umsonst? Red ich ganz umsonst?«

Da erwacht die schlummernde Gemeinde; Mann für Mann springt auf, streckt die Hände aus und ruft:

»Rettich umsonst? Wo? Wo? Wo?«

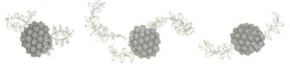

Ein Wanderrabbi, wie es deren heute noch gibt in Ungarn und Galizien, erhielt zu Neutra, einem ungarischen Städtchen, die Erlaubnis, am Sabbatnachmittag in der Synagoge zu predigen.

Es war Sommer und unerträglich heiß. Trotzdem war das Gotteshaus gedrängt voll. Selbst aus den nahen Dörfern kamen die Leute, um den Rabbi zu hören, der schon mehrere Jahre vorher einmal dagewesen war und mit seiner Predigt die Herzen erschüttert hatte.

Draußen brannte die Sonne, und in der Synagoge auf der obersten Stufe vor der Thoralade stand unser Rabbi und predigte von der Hölle und den Höllenstrafen. Er schilderte das Gehinnam und seine lodernden Feuer, und er schilderte es so, dass die Zuhörer den atemraubenden Flammenhauch zu fühlen vermeinten, die sengende Hitze und den Dunst der Brände. Und umso mehr dies alles, als die Schwüle und Glut des Tages über der Versammlung lagen; es war den Männern und Frauen, als säßen sie schon mitten in den Feuern des Gehinnam, das der Sünder harrt.

Nach der Predigt leerte sich die Synagoge. Als der Rabbi sie verließ, erwarteten ihn draußen drei Männer der Gemeinde, die eine Frage an ihn zu stellen wünschten.

»Gut«, sagte der Rabbi, »fragt nur zu. Ich werde euch Antwort geben.«

»Es geht uns rum im Kopp«, begann der Eine, »dass Ihr hier bei uns vor fünf Jahr schon gepredigt habt vom Gehinnam. Warum habt Ihr jetzt wieder gepredigt vom Gehinnam?«

»Weil ich gehört hab, dass jene erste Predigt nicht viel hat genützt«, erwiderte der Rabbi lächelnd, »seid ihr doch dieselben Sünder geblieben!«

»Nu, nu«, meinte der Zweite, »aber Ihr habt jetzt gesagt, dass es ist so fürchterlich heiß in der Hölle – –«

»Und jenes Mal«, fiel ihm der Dritte ins Wort, »jenes Mal habt Ihr das Gehinnam gemacht zu einem Platz, wo es ist so schaurig kalt, dass man es nicht kann aushalten vor die Fröste … dass gefriert das Blut in die Adern … dass festfriert die Zung im Maul …«

»Sagt uns«, nahm der Erste wieder das Wort, »warum habt Ihr damals erzählt, dass die Hölle ist kalt, und heute sagt Ihr, sie ist so schrecklich heiß, Rabbi?«

Und der Rabbi:

»Herren, das will ich euch sagen. Damals war Winter. Erinnert ihr euch? Ein grimmiger Winter. Hätt ich euch gesagt, das Gehinnam ist ein warmer, geheizter Ort … nu, was meint ihr, wie ihr Neutraer wäret gelaufen und hättet alles getan, um schnell in die Hölle zu kommen? Und jetzt … im Sommer … bei solchen Hitzen! Da werde ich euch gerade erzählen, dass es ist kalt in der Hölle! Damit ihr Neutraer euch den Kopf zerbrecht, wie ihr nur schnell könntet hinkommen! Ich kenn euch doch …«

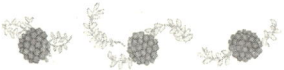

»Wenn ein tüchtiger Jude Karriere macht«, sagte ein österreichischer Rabbi, »so ist das noch keine Gleichberechtigung … Gleichberechtigung wäre, wenn auch ein dummer Jude Karriere machen konnte …«

Bei demselben Rabbi haben sich einige Gemeindemitglieder über einen Mann beklagt, der schon wiederholt in betrunkenem Zustande in die Synagoge gekommen sei und sie durch unziemliches Benehmen in ihrer Andacht gestört habe.

Der Rabbi lässt sich den Menschen kommen und macht ihm Vorhaltungen. Der wirft sich in die Brust und sagt:

»Herr Rabbiner, ich bin 'n Mann von altem Schrot und Korn – –«

Da unterbricht ihn der Geistliche streng:

»Was den Korn anbetrifft, Faibusch, den riecht man.«

Ein polnischer Schnorrer hat bei den Mitgliedern der Gemeinde mit gefälschten Attesten Almosen gesammelt und soll sich deshalb vor dem Rabbiner verantworten. Er beteuert mit hundert Schwüren seine Unschuld.

»Gleich auf der Stell soll ich umfallen und tot sein!«, ruft er. »Wenn es ist nicht alles wahr – –«

»Gott behüte«, meint der Rabbi, »was tu ich mit Ihrer Leiche?«

Am Versöhnungstage steht neben unserem Rabbi ein jüngerer Mann in der Synagoge, der – er mochte wohl wissen, warum – bei den Bußgebeten, beim Hersagen des Sündenbekenntnisses (bei jeder Sünde – und es werden deren gar viele aufgezählt – pflegt der Fromme sich auf die Brust zu schlagen) unter Stöhnen und Schluchzen mit großer Leidenschaft auf sich einschlägt.

Eine Zeitlang sieht ihm der Rabbi zu. Dann aber, als es noch schlimmer wird, klopft er ihn auf die Schulter und sagt lächelnd:

»Junger Mann, mit Gewalt werden sie hier nichts ausrichten ...«

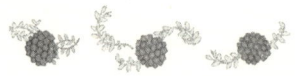

Die Gemeinde eines hessischen Städtchens hatte einen jungen Prediger angestellt, dessen Begabung in der Hauptsache darin bestand, dass er der Sohn des angesehenen Rabbiners in der nächsten größeren Stadt war. Der Vater wusste das wohl und suchte seinem Sprössling, den sie – eben wegen seiner Jugend, aber auch wegen seiner ganzen Art – »das Rabbinerche« nannten, nach Möglichkeit zu helfen. Vor allem dadurch, dass er ihm jeden Freitag die Predigt schickte, die der kleine Rabbi am Sabbat vortragen sollte. Was freilich niemand wissen durfte.

Nun geschah es aber, dass eines Freitags ein Wolkenbruch niederging, sodass der Bote des alten Rabbi mit der Predigt nicht eintreffen konnte. Das »Rabbinerche« war in Verzweiflung und wusste sich keinen andern Rat, als dass er dem Gemeindevorsteher melden ließ, er sei krank geworden und müsse das Bett hüten.

Der besorgte Vorsteher schickte sofort den Arzt zu dem jungen Manne, der es nun doch für gut hielt, sich dem Doktor, einem Freunde seines Vaters, anzuvertrauen.

Inzwischen hatte sich die Kunde von der Erkrankung des Predigers verbreitet, und als der Arzt ihn verließ, standen die Leute vor dem Hause und fragten ängstlich, was dem »Rabbinerche« fehle.

»Das Rabbinerche«, sagte der Doktor, »das Rabbinerche … Nu, ihr könnt ganz ruhig sein … Es hat nichts zu sagen.«

Abraham Bügelbrett und Jonas Zitrin haben sich zusammengetan und betreiben gemeinsam den Lederhandel. Um sich jedoch voreinander und gleichzeitig auch vor allerlei geschäftlichem Unglück zu schützen, übergeben sie dem Rabbi 5000 Gulden, wozu jeder die Hälfte beigesteuert hat, zur Aufbewahrung. Sie bestimmen, dass das Geld nur dann erhoben werden könne, wenn sie beide – Bügelbrett sowohl wie Zitrin – zugegen wären und dazu ihre Zustimmung gegeben hätten. Einem allein dürfe der Rabbi den Betrag nicht auszahlen.

Nun geschieht es, dass Bügelbrett schwer erkrankt. Diese Gelegenheit benutzt Zitrin, um von dem Rabbi das Geld zu verlangen. Die Geschäfte gingen schlecht, und er befinde sich in Zahlungsschwierigkeiten, aus denen ihn nur die 5000 Gulden retten könnten. Der Rabbi beruft sich auf die Abmachung und weigert sich, das Geld herauszugeben. Zitrin aber drängt und drängt und bittet den Rabbi, ihn zu dem Kranken zu begleiten und diesen zu befragen. Er könne zwar nicht sprechen, aber doch nicken und so seinem Willen Ausdruck geben. Hierzu entschließt sich der Rabbi, und tatsächlich nickt der schier bewusstlos daliegende

Kranke auf die Frage, ob Jonas Zitrin das Geld bekommen dürfe. Was denn auch geschieht.

Jonas aber ist ein ungetreuer Mann. Kaum hat er die 5000 Gulden in der Tasche, als er auf Nimmerwiederkehr nach Amerika verschwindet. Bügelbrett jedoch wird gesund, und da das Geschäft nun tatsächlich stark zurückgeht, begibt er sich eines Tages zum Rabbi und verlangt die hinterlegte Summe zurück.

Der Rabbi ist erstaunt und erinnert den Handelsmann, dass er doch in seiner leiblichen Gegenwart und mit seiner ausdrücklichen Zustimmung dem Zitrin das Geld überantwortet habe. Bügelbrett weiß von nichts, und da der Rabbi sich weigert, geht Abraham zum Richter und bringt seine Klage an.

Zur Verantwortung gezogen, erklärt der Rabbi:

»Es ist wahr: Ich habe dem Jonas Zitrin 5000 Gulden gegeben. Aber ist es bewiesen, dass ich ihm das bei mir hinterlegte Geld ausbezahlt habe? Nein, das ist nicht bewiesen! Ich gab ihm 5000 Gulden, und er nahm die 5000 Gulden und ist durchgebrannt. Der Spitzbube! Den Verlust des Geldes habe ich also zu beklagen, ich allein! Die 5000 Gulden, die mir Abraham Bügelbrett und Jonas Zitrin gemeinsam zur Aufbewahrung anvertraut haben, liegen unberührt da, und ich bin bereit, sie zurückzugeben, wenn die Bedingungen erfüllt werden. Welches aber sind die Bedingungen? Dass Abraham Bügelbrett und Jonas Zitrin gemeinsam die Auszahlung verlangen, und dass diese Auszahlung in beider Gegenwart erfolge. Daran halte ich mich. Abraham Bügelbrett schaffe mir Jonas Zitrin zur Stelle, dass ich ihn befrage. Bis dahin müssen die 5000 Gulden in meinem Kasten bleiben ...«

Zu einem Krakauer Rabbi kommt ein Handelsmann und erzählt ihm:

»Mein gottseliger Vater hat mir immer gesagt, dass ich soll mich nicht einlassen in Geschäfte mit rotbärtige Menschen. Sie sind alle Ganowim (Ganeff = Spitzbube) hat er gesagt. Ich hab aber vergessen gehabt die Mahnung, und ich hab richtig vor drei Monat ein Geschäft gemacht mit Nooßen Westenflicker. Ihr kennt 'n doch: Nooßen Westenflicker mit'm roten Bart. Gut, ich hab ihm geborgt Ware für 120 Gulden, und er hat mir wollen bezahlen pünktlich auf'n Tag, als wie gestern. Und damit ich hab einen Zeugen für die Schuld, hat er reingerufen in meinen Laden Jainkel Gerechter, was auch hat einen roten Bart. Schön! Kommt nu gestern, aber Nooßen Westenflicker kommt nicht. Geh ich zu ihm und verlang mein Geld. Was sagt der Gannef mit'm roten Bart? Er weiß von nischt, sagt er. Er hat bei mir nie gekauft Waren, sagt er. Und er ist mir nicht 'n Groschen schuldig, sagt er. Ob ich hab Zeugen? fragt er. Lauf ich zu Jainkel Gerechter. Was sagt der Gannef mit'm roten Bart? Nischt sagt er. Er ist nich gewesen dabei, sagt er. Er weiß von nischt, sagt er, und ich bin ein armer, geschlagener Mann. Wie recht hat doch gehabt mein Vater, dass die Menschen mit rote Bärt sind Ganowim ...«

Bei diesen Worten nimmt er wahr, dass der Rabbi, den er um Hilfe gegen die Rotbärtigen angeht, selbst einen roten Bart hat, und will sich unter tausend Entschuldigungen entfernen. Der Rabbi aber hält ihn zurück und verspricht ihm, die Sache mit den Angeschuldigten in Ordnung zu bringen. Dann solle er aber auch gestehen, dass sein Vorurteil gegen die Rotbärtigen nur ein böser Aberglaube sei.

Nooßen und Jainkel werden schleunigst geholt. Der Rabbi sagt in Gegenwart des Klägers zuerst Nooßen, dann Jainkel, dass der andere Rotbärtige den Schwindel bereits eingestanden habe, und erzielt so von beiden das Bekenntnis ihrer Schuld. Nooßen muss darauf die 120 Gulden bezahlen.

»Nu«, sagt dann der Rabbi lächelnd zu dem schmunzelnden Handelsmann, »glaubst du noch, dass alle Rotbärtigen Spitzbuben sind und dass dein Vater recht gehabt hat?«

»Ob ich glaub!«, ruft der andere bewundernd, indem er das erhaltene Geld einstreicht. »Ob er hat recht gehabt, Rabbi! Und von die drei mit rote Bärt, mit die ich hab zu tun gehabt, seid Ihr doch der größte Gannef!«

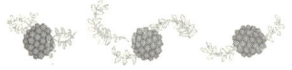

An den durch seine Gutmütigkeit bekannten Rabbiner Kestenmacher in Drillichau wendet sich ein Produktenhändler mit folgender Angelegenheit:

Es ist bei ihm ein jüdischer Bursche als Helfer beschäftigt; der hat sich im Allgemeinen sehr gut geführt, sei treu und ehrlich gewesen, und er – der Händler – habe sich auf ihn verlassen können. Nun sei er aber dahinter gekommen, dass der Bursche seit einiger Zeit hinter dem Rücken seines Herren einige Zentner Knochen verkauft und das Geld für sich behalten habe. Er müsse ihn nun wegschicken. Der Bursche aber verlange ein Zeugnis und habe gebeten, die Unterschlagung nicht zu erwähnen, da er doch sonst keine Stelle finden werde. Was man da tun könne, ohne der Wahrheit Gewalt anzutun …?

Rabbi Kestenmacher sagte:

»Schreibt im Zeugnis: ›Er war ehrlich – bis auf die Knochen.‹«

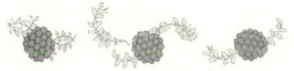

Zu einem der kleinen Wunderrabbis im östlichen Galizien kommt eines Tages Szamsche Meilenstein, ein richtiger Dorfbauer, und klagt ihm sein Leid: Die Stube der Hütte, die er bewohnt, sei zu eng, und er wisse sich nicht mehr zu helfen, nicht zu rühren. Was er tun müsse, um es ein klein wenig bequemer zu haben?

Der Rabbi denkt lange nach. Dann fragt er:

»Szamsche Meilenstein, sag mir doch, wer wohnt in der Stub, die dir ist zu eng geworden?«

Szamsche erwidert: »Ich und mein Weib … sind zwei. Mein alter Vater und meine Schwiegermutter … sind viere. Meine fünf Kinder … sind neune. Platz haben nur drei Betten, es sind aber da sechs …«

»Schön«, meint der Rabbi, »der Fehler ist, dass ihrer zu wenig sind in der Stub … verstehste?«

Szamsche Meilenstein versteht zwar nicht, aber da es der Rabbi sagt, wird es schon stimmen. Der aber fährt fort:

»Wen und was haste noch in deinem Haus?«

»Da ist die Schickse (Magd), was melkt die Kuh …«

»Die Schickse soll auch wohnen in der Stub«, entscheidet der Rabbi. »Nimm sie rein!«

»Dann ist da die Kuh …«

»Nimm sie rein in der Stub!«

»Dann sind da die zwei Ziegen …«

»Rein in der Stub!«, ruft der Rabbi. »Und komm morgen wieder her.«

Szamsche Meilenstein geht sehr nachdenklich von dannen, tröstet sich aber mit dem Gedanken: Wenn der weise Rabbi so sagt, wie er gesagt hat, wird Gott die Sache schon in Ordnung bringen. Und tut, wie ihm aufgetragen.

Am nächsten Tage begrüßt ihn der Rabbi mit der Frage:

»Nu, Szamsche, ist es besser geworden?«

Da beginnt Meilenstein bitterlich zu klagen, dass es jetzt noch schlimmer sei. Jetzt könnten sie sich überhaupt nicht mehr rühren in dem Stübchen, und es wäre geradezu entsetzlich.

Wieder denkt der Rabbi nach.

»Gut«, sagt er, »Szamsche Meilenstein, tu raus die Kuh aus deine Stub und lass sie wohnen im Stall. Und komm morgen wieder.«

»Nu, wie ist es jetzt?«, forscht der Rabbi am folgenden Tage.

»Etwas besser ist's schon«, erwidert Szamsche.

»Sehste … nun geh nach Haus und tu raus die zwei Ziegen aus deine Stub … Und komm morgen wieder.«

Zur bestimmten Zeit meldet er vergnügt:

»Rabbi, jetzt ist schon viel, viel besser … Man kann sich doch schon rühren in der Stub …«

»Schön, Szamsche Meilenstein … nu geh und gib der Schickse ein Worf heraus aus deine Stub … Sie soll wieder schlafen auf'm Stallboden wie früher … Und komm morgen wieder.«

Am nächsten Tage kommt Szamsche mit verklärtem, strahlendem Gesicht:

»Rabbi, Rabbi«, ruft er, »was seid Ihr für ein weiser, heiliger Mann, dass Ihr mir habt geholfen! Jetzt ist mein Stub ein Vergnüggen … ein Kibeth (eine Wonne) …«

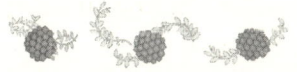

Zu den höchsten Festen – Neujahr und Versöhnungstag – reichen in Berlin die Synagogen für die große Zahl der Andächtigen und Frommen (wenigstens der an solchen Tagen Frommen) bei Weitem nicht aus. Um Raum zu schaffen, mietet die Gemeinde in allen Stadtteilen Säle, die für den Gottesdienst instand gesetzt werden.

In einem gewissen Jahre befand sich unter diesen Sälen – weil in jenem Stadtteil nichts Geeigneteres gefunden worden war – ein Lokal, in dem sonst allerlei zweifelhaftes Damenvolk verkehrte, die Champagnerpfropfen knallten und bei leichtfertiger Musik leichtfertige Paare in frechen Tänzen sich drehten.

Dort nun stand auf dem erhöhten Platze, der sonst dem Kapellmeister gehört, am Vorabend des heiligen Versöhnungstages der Rabbi und sprach den Andächtigen seine große Bußpredigt.

Er sprach gut. Er rührte die Herzen. Er bewegte die Gemüter. Die Frauen, die auf der Galerie saßen, weinten und schluchzten schon heftig, die Männer im Saale horchten stumm und ergriffen.

Je mehr aber der Rabbi fühlte, wie tief und stark seine Worte auf die Zuhörer wirkten, desto eindringlicher sprach er von dem Wege zur Buße, desto mehr geißelte und peitschte er die Seelen, in umso größeren Eifer geriet er, und mit wahrer Donnerstimme rief er endlich in den Saal, in dem sonst die Champagnerpfropfen krachten und die Sünde tanzte, hinein:

»Ja, ihr Männer, ja, ihr Frauen, heute abend kommt ihr her! Heute abend wollt ihr sein in diesem Hause! Das genügt nicht! Daran hat Gott nicht sein Wohlgefallen! Jeden Abend sollt ihr herkommen, jeden Abend sollt ihr da sein …«

Dem gleichen Rabbi wird folgender Ausspruch zugeschrieben, den er in einer Predigt getan haben soll:

»Freilich, in den Tempel mögt ihr nicht kommen, ihr Gottesverächter, aber, nicht wahr, auf dem jüdischen Friedhof möchtet ihr begraben sein?«

Mechel Kestenbaum aus Stanislau ist während einer Geschäftsreise in Wien gestorben. Es war niemand bei ihm als sein Sozius und Bruder Leib. Nach seiner Heimkehr behauptet dieser, Mechel habe, ehe er den letzten Atemzug getan, ihn – Leib Kestenbaum – mit folgenden Worten zum Erben eingesetzt:

»Von meinem Vermögen sollst du meiner Frau geben, wie viel du willst; das Übrige soll dein sein, weil du mir die Augen zudrücken wirst.«

Aufgrund dieser Worte, die er mit tausend Eiden zu beschwören bereit ist, bietet Leib Kestenbaum der Witwe seines Bruders aus dem Nachlass, der 30 000 Gulden beträgt, die Summe von 3000 Gulden. Da die Frau darauf nicht eingeht, kommt die Angelegenheit vor den Rabbi von Stanislau, der den Streit schlichten soll. Zu ihm haben beide Parteien Vertrauen, denn er gilt mit Recht als »Zaddick«, d. h. als frommer und gerechter Mann. Die Witwe darf annehmen, dass er sich ihrer nach Moses' Gesetz annehmen werde, und Leib Kestenbaum, den man als habsüchtigen Menschen kennt, baut darauf, dass der Rabbi an der Heiligkeit eines Wortes, das ein Sterbender gesprochen, nicht werde rütteln lassen. Darum weist er auch den Vermittlungsvorschlag des gelehrten Herrn, dass die Frau mindestens die Hälfte des Nachlasses erhalten solle, schroff ab und besteht auf seinem Schein.

»Du kannst also beschwören, dass die letzten Worte deines sterbenden Bruders so gelautet haben, wie du behauptest?«, forscht der Rabbi.

»Das kann ich!«

»Gut, Leib Kestenbaum! Und nun wiederhole diese Worte, wie sie sich deinem Gedächtnis eingeprägt haben. Füge nichts hinzu und lasse nichts weg.«

»Also sagte mein Bruder Mechel: ›Du sollst meiner Frau geben, wie viel du willst, und das Übrige soll dein sein!‹«

»Und dein Bruder kannte dich, wie ich dich kenne, wie wir alle dich kennen?«

»Ja, so kannte er mich, Rabbi.«

Der Rabbi verfällt in tiefes Sinnen. Nach einer Weile beginnt er wieder:

»Und nun sage mir, Leib Kestenbaum, wie viel willst du selbst von dem Vermögen deines Bruders?«

»Wie viel ich will? … Nicht weniger und nicht mehr als 27 000 Gulden …«

»Also du willst 27 000 Gulden; so habe ich's verstanden. Du willst 27 000 Gulden! Ist dem so, Leib Kestenbaum?«

»Dem ist so!«

»Und dein Brudel Mechel sagte – – – wie sagte er doch, Leib Kestenbaum?«

»Er sagte: ›Du sollst meiner Frau geben, wie viel du willst – – –‹«

»Halt!«, ruft der Rabbi streng und erhebt sich. »Habe ich dich, du Habsüchtiger! Du Betrüger an Witwen und Waisen!«

»Ich … ich …«, will Leib Kestenbaum auffahren.

»Still! Du wirst deines Bruders Witwe 27 000 Gulden geben, und 3000 sollen dein sein – – –«

»Aber Rabbi, ich beschwöre – – –«

»Schweig! Dein Bruder sagte, du sollest seiner Witwe geben, wie viel du willst, nicht wahr?«

»So sagte er – – ich beschwöre es.«

»Du aber willst 27 000 Gulden … Und wie viel du willst, soll ihr gehören … Das war die Meinung des Sterbenden, Leib Kestenbaum, deines Bruders, der dich kannte, wie ich dich kenne …«

In einem polnischen Städtchen, wo fast alle jüdischen Leute dem ehrsamen Gewerk der Schuhmacher angehören, verbreitet sich das Gerücht, dass Amschel Gibber aus Krakau, ein als unternehmungslustig bekannter Mann, die Absicht habe, sich in dem Orte niederzulassen und eine große Schuhwarenfabrik zu begründen. Das würde für alle kleinen Handwerker den Ruin, mindestens aber den Verlust der Selbstständigkeit bedeuten, und deshalb stürmen sie zu ihrem Rabbi, um sich bei ihm Rats zu holen.

Der hört sie an, denkt dann eine Weile nach und spricht:

»Geht ruhig nach Haus und an eure Arbeit. Ihr sorgt euch umsonst. Ich sag euch, Amschel Gibber wird nicht kommen zu uns.«

Einen Monat später ist der Mann aus Krakau da, und geängstigt suchen die Schuhmacher den Rabbi auf.

»Schön, er ist da«, tröstet er sie. »Was ist dabei? Geht nur ruhig nach Haus. Ich sag euch, Amschel Gibber wird nicht bauen die Fabrik.«

Nach einem Monat kommen sie wieder und schreien:

»Rabbi, Rabbi, was sollen wir tun? Amschel Gibber baut doch die Fabrik!«

»Er baut doch? … Schön, soll er bauen … Aber schreit nicht, ängstigt euch nicht. Ich sag euch, er wird nicht machen Stiefel in der Fabrik.«

Ein halbes Jahr später wird die Fabrik eröffnet. Wieder stürmen sie zum Rabbi und rufen:

»Ihr habt uns gesagt, Amschel Gibber wird nicht kommen: Er ist gekommen. Ihr habt uns gesagt, er wird nicht bauen: Er hat gebaut. Ihr habt uns gesagt, er wird keine Stiefel machen: Er macht Stiefeln …«

»Nu«, unterbricht sie der Rabbi, »was denn soll er machen?«

Dieser selbe unweise Rabbi galt auch als übler Richter, und mit gutem Fug. Denn er war habsüchtig und ließ sein Urteil durch Geschenke bestechen.

Eines Tages Kam Elkan Gelenkwasser zu ihm und trug ihm seinen Streit mit Markus Aschtopf vor, in dem der Rabbi die Entscheidung treffen sollte. Er brachte eine fette Gans mit.

Der Rabbi sagte: »Elkan Gelenkwasser, es ist kein Zweifel. Ihr habt recht!«

Dann schlich sich Markus Aschtopf ins Haus. Er brachte zwei Gänse mit, und der Rabbi sagte:

»Markus Aschtopf, es ist kein Zweifel. Jetzt habt Ihr recht.«

Des Rabbi Frau, die diese falschzüngigen Urteile mitangehört hatte, rief empört:

»Du Spitzbube, du Schande unter den Rabbis, wie kannste erst Elkan Gelenkwasser und dann Markus Aschtopf sagen: ›Ihr habt recht?‹ ... Wo doch nur einer kann recht haben?«

Da sagte der Rabbi:

»Jetzt hast du recht!«

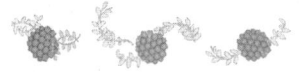

Der Gabbe (Geschäftsführer) eines Wunderrabbi erzählt im Wirtshause des galizischen Städtchens, wo der heilige Mann am nächsten Tage eintreffen soll, von einer besonders erstaunlichen Tat seines Herrn:

»Einmal ist mein Rabbi gegangen einen hohen Berg herunter. Wie er so geht in tiefem Sinnen, stolpert er über einen Stein und fällt hin. Der Weg aber war so steil, dass der Rabbi anfängt, den Berg herunterzurollen, und nicht imstande ist, sich zu erheben. Er rollt und rollt, immer schneller und schneller, und betet zu Gott, dass er ihn möge erretten aus der schweren Gefahr. Denn der Rabbi weiß, dass unten, wo der Berg zu Ende ist, ein tiefer See sich ausbreitet, und dass er muss hineinrollen in diesen See und elendiglich ertrinken in dem schrecklichen Wasser ... Wie er schon sieht aufblitzen die Fluten, und wie er ihnen schon ganz, ganz nah ist, da gibt ihm Gott ein den Gedanken, dass er soll, wie er so furchtbar schnell runterrollt, dass er soll greifen in die Tasch von seiner Pekesche. Dort hat er zwei Salzheringe, was er sich gekauft hat in der Stadt ...

Er nimmt raus die Heringe aus der Tasch, in jede Hand einen, und wie er sie gerade in den Händen hat, stürzt er auch schon in das entsetzliche Wasser …

Und was tut Gott? Kaum ist mein Rabbi versunken in den Wogen, da fangen an die Heringe zu leben und fangen an, schrecklich zu schlagen mit den Schwänzen und haben mit einem Mal eine gewaltige Kraft und schleppen meinen Rabbi an das Ufer …«

Als der Gabbe in seiner spannenden Erzählung so weit gekommen ist, unterbricht ihn ein Zweifler mit den Worten:

»Gabbe, Gabbe … wie wollt Ihr das beweisen?«

Da lächelt der Erzähler der Wundertat und antwortet mild verweisend:

»Nu, der Beweis ist: Der Rabbi lebt noch …«

Zum Rabbi Elkan, der in einem slowakischen Städtchen haust, kommt Toddele Strudelteig, ein armer Mann, und erbittet Rat in folgender Sache, die sein Herz bedrückt:

Er besitzt eine Henne, und diese Henne hat zwei Eier ausgebrütet. Die Küchlein, die er gehegt und gepflegt hat, sind nun zu Hähnchen und Hühnchen heran- und ihm – Toddele Strudelteig – immer mehr ans Herz gewachsen. Nun möchte er sich aber zu den hohen Feiertagen einen guten Braten gönnen, und da ist ihm der Gedanke gekommen, ob er nicht eines der jungen Hühner schlachten und in Freuden verzehren könnte.

»Gewiss dürft Ihr das tun«, meint der Rabbi freundlich.

Mit dieser Auskunft ist Toddele Strudelteig aber nicht zufrieden.

»Aber is es nicht grausam, wenn ich der Henne wegnehme das Kind?«, fragt er. »Und darf ein jüdischer Mann grausam sein gegen das Getier?«

»Nein, grausam darf er nicht sein, Toddele, da habt Ihr recht.«

»Was also soll ich tun, Rabbi?«

Der verfällt in tiefes Sinnen und sagt endlich:

»Lasst mir einen Tag Zeit, Toddele. Die Sach ist schwerer, wie ich gemeint hab. Kommt morgen wieder.«

Aber am nächsten Tage weiß der Rabbi noch immer keinen Rat in der schwierigen Angelegenheit und bestellt den Mann für morgen, weil er den Fall noch nicht genügend »ausgeklärt« habe.

Auch am folgenden Tage weiß er nicht zu raten. Am dritten endlich stürzt Toddele schreckensbleich zum Rabbi, der an der Lösung der Frage fast verzweifelt, und berichtet, dass in der Nacht ein Marder in seinen Hühnerstall sich eingeschlichen und die Henne mitsamt dem Hähnchen und dem Hühnchen weggeschleppt und aufgefressen habe.

Da verklärt sich Rabbi Elkans Gesicht, und er ruft glücklich, wie von einem Banne befreit:

»Nu, sehste, wie Gott helft ...«

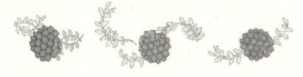

An dem »kleinen« Fasttage, der dem Purimfeste vorangeht und nur noch von ganz besonders frommen Leuten durch Enthaltung von Speis und Trank gefeiert wird, erscheint beim Rabbi des polnischen Städtchens ein Mann und fragt, ob es ihm erlaubt sei, eine Geschäftsreise zu unternehmen?

»Gott behüte«, sagt der Rabbi, der gerade bei Tische sitzt und sich sein Mittagessen schmecken lässt, »das ist nicht erlaubt.«

»Nicht erlaubt? In einer sehr wichtigen Sache?«, ruft der Mann aufgeregt.

»Es ist verboten«, meint der Rabbi.

»Was?«, schreit der andere. »Verboten? Ihr verbietet mir zu fahren? Und Ihr selbst sitzet da am heiligen Fasttag und esst – – und esst?«

»Ich darf essen«, erwidert der Rabbi ruhig.

»Wieso dürft Ihr essen und ich darf nicht fahren?«

»Nu, Chammerche (Eselchen), weil ich nicht erst frag …«

Es ist Brauch, dass der Rabbi von den Eltern seiner Talmudschüler zum Purimfeste Geschenke ins Haus geschickt bekommt. Nun geschieht es einmal, dass gerade der reichste Mann der Gemeinde diese Pflicht verabsäumt. Der betrübte Rabbi fasst sich ein Herz und bittet seinen Schüler, den Vater nach dem Grund dieser Versäumnis zu fragen.

Die Antwort, die der Knabe am nächsten Tage bringt, lautet: »Mein Vater lässt Euch sagen, dass er

vergessen hat, Euch das zu schicken, was Euch gebührt.«

Das Geschenk aber bleibt aus.

Da fasst sich der arme Rabbi noch einmal ein Herz
und sagt:

»Mein Sohn, ich will dir eine Aufgabe stellen, die
sollst du klären. Und wenn du sie nicht allein ausklä-
ren kannst, dann frage deinen Vater um Rat.«

»Und welches ist die Aufgabe?«

»Diese: Warum hat Abel, der Sohn Adams, seinen
Bruder Kain erschlagen?«

Desselben Tages noch stürmt der reiche Mann in
des Rabbi Haus und ruft lachend:

»Wie könnt Ihr fragen, warum Abel hat erschlagen
den Kain? Es war doch umgekehrt, so wahr mir Gott
helfe …«

»Nun seht«, fällt ihm der Rabbi lächelnd ins Wort,
»es sind fünftausendsechshundert und etliche Jahr her,
dass das ist geschehn, und Ihr habt's nicht vergessen …
Aber dass es ist gewesen vor zwei Tagen Purim – das
wollt Ihr vergessen haben?!«

VON LEHRERN
UND SCHÜLERN

Zu dem berühmten Schriftgelehrten Rabb in Jerusalem kam – wie im Midrasch Koheleth zu lesen – ein schalkhafter Mann aus Persien, der vorgab, die heilige Lehre der Juden studieren zu wollen. Rabb lud den Heiden ein, Platz zu nehmen, setzte sich neben ihn und begann, die hebräischen Buchstaben aufzumalen.

»Dies Zeichen«, sagte er freundlich, auf das erste deutend, »ist das Aleph!«

Der Perser lachte.

»Leicht gesagt ›Aleph‹«, spottete er. »Wie wollt Ihr mir beweisen, dass dies ein Aleph ist?«

Der Meister tat, als hätte er nicht gehört, und fuhr fort: »Und dies zweite Zeichen ist das Beth ...«

»Warum ›Beth‹?«, schrie der Schalk. »Beweiset, dass es wirklich ein Beth ist!«

Da verlor Meister Rabb die Geduld und jagte den Schalksnarren von dannen.

Der aber wollte, da ihm der Spaß so gelungen war, noch andere Weise in Israel auf gleiche Art zum Besten haben, um sich damit vor den Heiden zu brüsten, und begab sich zu einem zweiten Lehrer, den der Midrasch Rabbi Samuel nennt, und trug ihm dieselbe Bitte vor. Alsbald begann auch hier der Unterricht. Kaum aber hatte der Meister ihm das Aleph und Beth genannt, als der Schüler nach Beweisen dafür verlangte, dass der erste Buchstabe wirklich Aleph und der zweite wirklich Beth sei.

Rabbi Samuel sah den Heiden erstaunt an; da er aber den Schalk in seinem Auge erkannte, fasste er rasch das Ohr des Mannes und zerrte so heftig daran, dass der Fremde aufschrie: »Oh, mein Ohr! ... Oh, mein Ohr!«

»Wieso dein Ohr?«, meinte Rabbi Samuel lächelnd. »Beweise mir zuvor, dass dies, woran ich reiße« – und er riss wieder daran – »ein Ohr ist!«

»Nun«, brüllte der Perser vor Schmerz, »alle Leute heißen es Ohr!«

Da lachte Meister Samuel und sagte:

»Richtig geantwortet, mein Sohn! In gleicher Weise nennen alle Leute diese Buchstaben Aleph und Beth.«

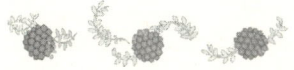

Ein Bocher wird von einem wohlhabenden chassidischen Manne in der galizischen Stadt Sandetz zu einem Festmahl geladen und an das Ende der Tafel gesetzt, von den übrigen Gästen ein wenig entfernt. Kränkt schon dies allein den angehenden Talmudgelehrten, so wird sein Verdruss noch größer, als er wahrnimmt, dass man ihn, der doch sicherlich den größten Appetit hat, auch bei der Verteilung der Speisen schlechter behandelt. So ist den andern eine Brühe mit fein gehacktem Hühnerbrustfleisch gereicht worden, während er selbst eine Graupensuppe bekam.

Als nun der Fisch aufgetragen wird, lässt der Hausherr jedem seiner Gäste einen schönen, großen Hecht vorsetzen, dem Bocher jedoch, der gerade Hecht außerordentlich gern isst, ein kleines, dürftiges Fischlein. Kaum steht nun der Teller vor dem Talmudschüler, als dieser sich über ihn neigt und mit seltsamen Mundbewegungen zu murmeln beginnt, sodass erst die Nächstsitzenden, dann die weiteren und schließlich auch der Hausherr auf das wunderliche Benehmen des jungen Menschen aufmerksam werden. Sie beobachten ihn ein Weilchen, wie er immer eifriger auf das Fischlein einzusprechen scheint, und sehen mit Staunen, dass er es schließlich vorsichtig aufnimmt, den Hechtkopf an sein Ohr hält und die gespannte Miene eines Lauschenden aufsetzt.

»Bocher«, sagt endlich der Hausherr, »was treibt Ihr da für unziemliche Späße?«

»Späße?«, wiederholt der, als erwache er aus einem Traume. »Wieso Späße? Ich hab den Hecht etwas gefragt, und der Hecht hat mir geantwortet …«

Die Sandetzer glauben an Wunder, denn ihr in der Welt der Chassidim berühmter »heiliger Rabbi« verrichtet täglich dergleichen ohne sonderliche Mühe. Deshalb sind sie auch gar nicht abgeneigt, dem Bocher, der mit trauriger Miene dasitzt, zu glauben. Schließlich, weshalb sollte ein gekochter Hecht nicht sprechen können, wenn ein vom Geiste erfüllter Frommer dies von ihm verlangt?

»Also, Bocher«, fragt der Hausherr freundlicher, »sagt uns, was habt Ihr gesprochen mit dem Fisch?«

»Was ich hab gesprochen? Ich hab ihn gefragt nach meinem Freund Berisch. Berisch ist doch vor sechs Jahr ertrunken im Dunajez, und der Hecht kommt doch aus'n Dunajez …«

»Nu … nu!«, rufen alle gespannt durcheinander. »Was hat er gesagt … was hat er gesagt … der Hecht?«

»Was er hat gesagt?«, erwidert der Bocher tief bekümmert. »Was soll er haben gesagt?«

»Was hat er aber doch gesagt«, schreit der Hausherr ungeduldig.

»Gott«, antwortet der Bocher … »hat er gesagt … Bocher, hat er gesagt … wie soll ich wissen von Berisch, was ist vor sechs Jahr im Dunajez ertrunken? … Wie soll ich das wissen? … Ich bin doch noch so ein winzig klein Fischele … Frag doch einen von die großen Hechten, was die Gäst dort oben am Tisch haben bekommen …«

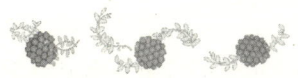

Nicht unähnlich diesem Bochrim-Streich ist jener, der aus einem deutschen Städtchen erzählt wird.

Dort hatte ein »aufgeklärter« Mann einen wandernden Talmudschüler aus Polen zum Essen geladen. Er lässt ihn, was er selbst schon für einen großen Beweis seiner Religiosität hält, am Familientische Platz nehmen, aber (offenbar ist ihm die talmudische Vorschrift nicht bekannt) schlechtere Speisen vorsetzen als den anderen Teilnehmern an der Mahlzeit.

Dafür vergnügen sich der Hausherr und die Seinen damit, den anscheinend von keinerlei Kultur beleckten und in »modernen« Dingen unwissenden Kaftanträger mit den Löckchen an den Schläfen ein wenig zu hänseln.

»Nun, was sagen Sie dazu?«, meint der gebildete Sohn des Gastgebers. »Man hat längst nachgewiesen, dass in der Bibel schwere wissenschaftliche Irrtümer enthalten sind. Zum Beispiel, dass Josua die Sonne stillstehen lässt während der Schlacht von Gilead … Was brauchte er sie stillstehn zu lassen? Das ist doch ein Unsinn. Die Sonne steht doch so still, und sie hat immer stillgestanden. Verstehn Sie das?«

»Warum soll ich nicht verstehn?«, erwidert der Locher. »Ob ich versteh!«

»Schön«, fährt der andere fort, »es ist eben die Erde, die sich bewegt, die sich dreht ... Können Sie sich das vorstellen?«

»Ooßer!« (Ausgeschlossen!), ruft der Pole und beginnt zu lachen.

»Aber es ist doch bewiesen!«, ereifert sich der junge Mann. »Warum wollen Sie das nicht glauben?«

»Wie heißt glauben?«, gibt der Bocher zurück. »Wenn die Erd sich möcht drehn ... nu, dann möcht sich auch der Tisch hier drehen ... und dann möchten doch auch einmal die guten Sachen, was Sie essen, vor mir stehen ...«

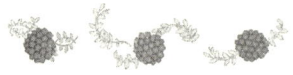

»Ich werd dir beweisen«, sagt ein Talmudschüler zu dem andern, »dass ich dich darf bestehlen ... Beantwortet mir zwei Fragen ... Darfste greifen in deine Tasch?«

»In meine Tasch darf ich greifen.«

»Schön! Darfste aber greifen in meine Tasch?«

»In deine Tasch darf ich nicht greifen.«

»Nu also ... Wenn du, der du doch in deine Tasch darfst greifen, aber in meine Tasch nicht, um wie viel mehr kann ich, der ich doch ja greifen darf in meine Tasch, erst recht greifen in deine Tasch ...«

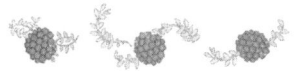

Zum Verständnis der nachfolgenden Geschichte muss vorausgeschickt werden, dass der jüdische Ritus ein Vespergebet vorschreibt, die »Mincha«. Diese Andacht wird zwischen 4 und 5 Uhr nachmittags abgehalten.

Nun geschah es eines Sabbats, dass der Parnetz (Vorsteher) der Gemeinde in einer galizischen Stadt, einen Mann, dessen Frau gerade nicht im Rufe der Freigebigkeit stand, nach dem Morgengottesdienst fünf »Lochrim« (Talmudschüler eines Rabbi) zum Mittagessen einlud. Wie er sagte: »auf ein Stück Gansbraten.«

Um 12 Uhr finden sich die Schüler ein und werden an den Tisch gesetzt. Da bringt die Köchin auch schon die Schüssel herein, und auf ihr liegt, in fünf Teile zerschnitten, das Viertel einer Gans.

Die Bochrim, immer hungrig, haben zu dem Festmahl einen gediegenen Appetit mitgebracht. Als sie nun die winzige Portion sehen, die ihnen zugedacht ist, werden ihre Gesichter lang, und einer von ihnen erhebt sich und beginnt das Vespergebet zu sprechen.

Erstaunt ruft ihm der Parnetz zu:

»Was fallt Euch ein, Ihr Schalk? Was macht Ihr for Komödien?«

»Wie heißt Komödien?«, gibt der Bocher zurück. »Ist das Komödie, wenn wir beten Mincha?«

»Jetzt … Mincha? … Um zwölf?«

»Nu«, meint der Schüler und macht eine Geste auf die Schüssel zu, »wir sehn doch, es is ein Viertel for Fünf …«

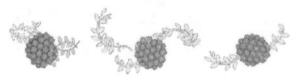

Nach zwanzigjähriger Abwesenheit hat Moses Nelken-kron, der in New York durch den Gänsehandel zum Millionär geworden ist, sich entschlossen, seine Vater-stadt in Posen zu besuchen. Sein Erscheinen erregt in dem Orte natürlich großes Aufsehen, und man spricht von nichts anderem als von dem in Amerika reichge-wordenen Moses.

Auch in der Schule wird das Ereignis erörtert; der Lehrer ergeht sich in allerlei moralischen Betrach-tungen:

»Seht ihr, Kinder, immer fleißig müsst ihr sein und immer ehrlich und rechtschaffen. Diese Eigenschaften haben auch Herrn Moses Nelkenkron in die Höhe ge-bracht. Wie er von hier weggegangen ist nach Ameri-ka, was war er? Was hat er gehabt? Nichts war er, und nichts hat er gehabt wie ein paar zerrissene Hosen … Und heute? … Heute hat er eine Million …«

Da unterbricht der kleine David Mechelsohn den Vortrag mit der Frage:

»Gott, was tut Herr Nelkenkron mit eine Million zerrissene Hosen …?«

In der untersten Klasse einer Prager Schule stellt der Lehrer folgende Aufgabe:

»Ich geh in ein Kleidergeschäft und kaufe mir einen Anzug für 25 Kronen. Versteht ihr? 25 Kronen! Dann kauf ich mir aber auch noch einen Sabbatanzug, der ist viel teurer. Der kostet 40 Kronen. Wie viel muss ich dem Kaufmanne bezahlen? Wer weiß?«

Tiefes Schweigen in der Klasse.

»Nun, Isidor«, sagt der Lehrer zu einem der kleinen Jungen, »dein Vater hat doch ein Kleidergeschäft, du wirst es doch herauskriegen.« Und er wiederholt die Aufgabe noch eindringlicher. »Also?«

Isidor überlegt eine Weile.

»Sie werden müssen bezahlen, Herr Necheles, fünfundfünfzig Kronen werden Sie bezahlen.«

»Aber Isidor! 25 Kronen und 40 Kronen! Das ist doch mehr als 55!?«

Und Isidor:

»Ich weiß, Herr Necheles, aber mein Vater wird Ihnen geben die Anzüge für 55 Kronen, damit Se wiederkommen.«

In einem mährischen Dorfe ist eine arme, jüdische Frau, die ihre Kinder dazu anhält, ihr bei ihren Geschäften zu helfen: bei Botengängen, die sie zu besorgen hat, beim Gänsestopfen usw. Ihr achtjähriges Söhnchen Elias ist solcher Arbeit abgeneigt. Er versteckt sich lieber und vertieft sich, auf dem Bauche liegend, den Kopf in die Hände gestützt, in irgendein Buch, das er bei dem oder jenem Nachbar aufgetrieben hat.

Eines Tages findet ihn die Mutter nach langem Suchen wieder über einem zerschlissenen Bande und schreit ihn an:

»Was leste schon wieder ein neies Buch? Du kannst doch schon lesen ...«

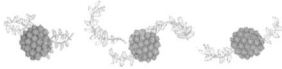

Der zwölfjährige Kobi Schmelkes wird vom Direktor eines Wiener Gymnasiums kurz vor neun Uhr vormittags in der Nähe seiner Klasse auf dem Korridor angetroffen.

»Was machst du hier«, spricht er ihn an. »Warum bist du nicht im Schulzimmer?«

»Ich darf doch nicht«, erwidert Kobi.

»Warum darfst du nicht?«

Kobi streckt den Daumen aus und weist hinter sich auf die Klassentür:

»Se haben doch jetzt antisemitische Religionsstunde da drin, Herr Direktor.«

Kobi hat überhaupt eine heillose Angst vor dem, was er »Antisemitismus« nennt. Wie viele jüdische Leute in Wien schreibt er jede Unannehmlichkeit, die ihm begegnet, jeden Tadel, der ihn – sei es auch mit Recht – trifft, jede schlechte Zensur, jede »Watschen«, die er bei einer seiner Prügeleien erhält, den judenfeindlichen Neigungen seiner Lehrer und Mitschüler zu. Vielleicht ist er selbst in seinem Innern nicht ganz von seiner Behauptung überzeugt, aber vor seinem Vater und vor der ganzen Familie, die dergleichen gern glaubt (»hat ihn einmal eine Schlange gebissen, so glaubt er in jedem Endchen Tau eine Schlange zu sehn«, heißt es im Talmud), hat er damit eine stets wirksame Ausrede.

Einen Tag vor dem Jom Kippur (Versöhnungsfest), an dem bekanntlich den Israeliten strenges Fasten geboten ist, bringt Kobi das eben zurückerhaltene Aufsatzheft nach Hause und zeigt es voll Stolz seinem Vater. Der liest mit Wohlgefallen die Zensur und sagt schmunzelnd:

»Kobi, Kobi, ich versteh dir nich. Da sagste immer, der Professor ist ein Antisemit, und es ist doch gar nicht wahr.«

»Wieso ist es nicht wahr?«, repliziert der Junge.

»Nu, ein Antisemit möcht gewiss nich schreiben in dein Heft zu Jom Kippur … ›fast gut‹! …«

Mendel Possenreißer in Drillichau ist sehr stolz auf die Talente seines Erstgeborenen, eines siebenjährigen Jungen, und er kann gar nicht genug von der Klugheit seines Sprösslings erzählen. Da er ihn aber nicht in den Unterricht schickt, lässt ihn einmal der Vorsteher der jüdischen Schule zu sich kommen und macht ihm heftige Vorwürfe.

»Was wollen Sie?«, sagt Mendel Possenreißer. »Was soll mein Jüngele in der Schul? Er lernt doch bei mir.«

»Was er da lernt! Was kann er denn schon?«

»Was er kann? … Er ist doch so klug! Sogar Kartenspielen kann er schon … Hat er ganz allein gelernt, vom Zusehn … Ich sag Ihnen, wenn er bei mir steht, wenn ich Klabbrias spiel, kann er mir immer sagen, welche Karte ist schon raus und welche Karte ist noch drin … Und dann: Rauchen kann er schon wie ein Großer …«

»Kann er denn schon beten?«, fragt der Vorsteher.

»Beten?«, meint Mendele Possenreißer entrüstet. »Beten? Dazu is er noch zu klein …«

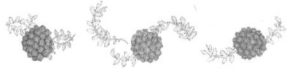

Herr Meierfeld hat vom Klassenlehrer seines Jungen, der die Obertertia besucht, einen Brief bekommen. Es wird ihm darin mitgeteilt, dass Adolf in Mathematik den Anforderungen nicht entspreche.

Herr Meierfeld besucht daraufhin den Mathematiklehrer, der ihm folgende Auskunft erteilt:

»Sehn sie mal, die Lehrsätze weiß der Junge immer ganz gut, aber wenn er sie beweisen soll, dann hapert's bedenklich. Das kann er nicht.«

»Gott, Herr Doktor«, meint Meierfeld treuherzig, »mein Adolf ist so ein wahrheitsliebender Junge. Dem können Se wirklich glauben auch ohne Beweise …«

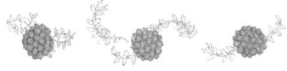

In einer Wiener Schule fragt der Lehrer, ob ihm einer der Schüler sagen könne, was eine »Mumie« sei.

Nachdem einer der Jungen erklärt hatte, eine Mumie sei »eine alte Tante«, meldet sich Leo Silberstein und gibt folgende Auskunft:

»Eine Mumie ist ein eingemachter Mensch.«

In einer Berliner Gemeindeschule will der Lehrer wissen, was für eine Art Mensch ein »Rechtsanwalt« sei?

»Ein Rechtsanwalt«, antwortet Ottokar Schweriner, »ist ein Mensch, was den Verbrechern recht gibt …«

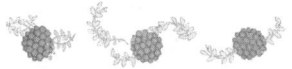

In einer jüdischen Mädchenschule des Berliner Ostens war (und ist vielleicht heute noch) ein Lehrer, dem alle Schülerinnen – von der größten bis zur kleinsten – wegen seines ganz besonders freundlichen Wesens außerordentlich zugetan sind. Sie betrachteten ihn als ihren Freund, dem sie sich mit allen ihren Sorgen und Freuden anvertrauen konnten. Herr Borgfeld war stets nett zu ihnen und hörte sie lächelnd an; wusste auch immer Rat für sie, und in der großen Pause sah man ihn jedes Mal von einer ganzen Schar umgeben. Jede hatte ein Anliegen an ihn, auch wenn sie gar nicht seiner Klasse angehörte. Brauchte eine Fürsprache bei ihrem Lehrer oder beim Direktor, so war ihr erster Gedanke: Herr Borgfeld. Der würde die Sache schon in Ordnung bringen … Wollte sie ihrer Mutter oder ihrem Vater eine Geburtstagsüberraschung machen – wer war da ein besserer Helfer als Herr Borgfeld? Hatte man etwas schlecht verstanden beim Unterricht – wozu war Herr Borgfeld da, den man in der Pause nach Herzenslust ausfragen konnte? Und wenn man sein Frühstücksbrot vergessen hatte, so war eben Herr Borgfeld der Mann, der von dem seinen abgab oder den nötigen Groschen lieh. Kurz, der Mann war bei der weiblichen Jugend der ganzen Gegend zur Legende geworden.

Eines Tages während der Zwischenstunde, als er im Hofe auf und ab ging, wie gewöhnlich von einer Anzahl Schülerinnen umringt, kommt eine ganz kleine Schülerin, ein richtiger Dreikäsehoch, auf den Lehrer zu und zupft ihn am Rocke.

»Na, was willst du denn, Kleinchen?«, fragt er sie freundlich.

»Ach, lieber Herr Borgfeld«, antwortet das Kind, das erst seit zwei Wochen in der Schule ist, hastig, »bitte, bitte, knöpf mir doch hinten meine Höschen auf, aber schnell!«

Die »großen« Mädchen kichern, Herr Borgfeld aber kommt dem Wunsche der Kleinen schleunigst nach und fragt dabei:

»Nu sag mir mal, Lottchen, warum bittest du denn nicht das Fräulein aus deiner Klasse, dass sie dir die Höschen aufknöpft?«

»Ach, Herr Borgfeld«, piept die Kleine, »vor der schäm ich mir ja …«

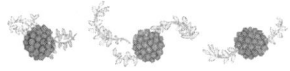

In der deutschen Stunde wird Moritz Elkan, der Sohn eines vor kurzem aus Posen nach Berlin verzogenen Handelsmannes, gefragt, wie viel »Artikel« es gebe?

»Es gibt zwei Artikel«, antwortet der Junge.

»Nur zwei, Moritz? Denke mal nach!«

Moritz denkt nach, bleibt aber dabei.

»Hast du das so gelernt in Posen?«

»Gelernt hab ich's nich, aber mein Vater hat's gesagt.«

»Dein Vater? Was hat er denn gesagt?«

»Mein Vater hat gesagt: Es gibt nur zwei Artikel, hat er gesagt, Artikel, was gut gehn und Artikel, was nich gut gehn ...«

»Wer war Pythia?«, wird in der dritten Klasse einer Berliner Höheren Töchterschule gefragt.

Es meldet sich Rotraut Levi.

»Nun, Röschen?« – Dem Lehrer ist der Name Rotraut gar zu stilwidrig (oder zu »jüdisch«).

Und Rotraut Levi antwortet:

»Pythia war eine altertümliche Dame, die saß auf einem Dreifuß und sagte zweideutige Sachen ...«

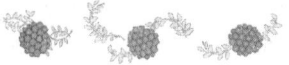

In der dritten Klasse der jüdischen Schule zu Lundenburg in Mähren diktiert der Lehrer in der Orthografiestunde:

» ... und zuletzt ließen sie den Kaiser leben ...«

Da wird die Stille durch ein schallendes Lachen unterbrochen.

»Moritz!«, ruft der Lehrer dem kleinen Fleckeles zu. »Was fällt dir denn ein? Warum lachst du denn?«

»Gott, Herr Spitzkopf«, gibt Moritz zur Antwort, »ich hab grad gesehen, dass Sami Weiß schreibt Kaiserleben in zwei Wörter ...«

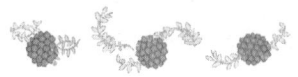

Als eines Abends Peter sein kurzes Nachtgebet – das bekannte Kinderverschen »Gott, der du heute mich bewacht« – schlafmüde herunterleiert, sagt Mama zu ihm: »Weißt du, du bist doch eigentlich schon ein großer Junge und lernst schon Psalmen auswendig. Da könntest du doch mal einen Psalm zur Nacht beten und nicht immer das Sprüchlein, das die ganz kleinen Kinder sagen.«

»Na ja«, brummt er, schon halb unter der Decke, »aber Psalmen sind viel … viel zu lang. Bis man die gesagt hat, ist man schon längst eingeschlafen.«

»Ach«, meint Mama, »es gibt doch auch kurze Psalmen.« – Peter denkt ein Weilchen nach. »Also«, bemerkt er, indem er das Köpfchen erhebt und behaglich in die Hand schmiegt, »also du meinst gewiss Nummer 121, den wir gestern gelernt haben, nich wahr?« – »Den meine ich wirklich.«

Wieder eine Pause. »Weißt du, Mutter, ich hab's mir gerade ausgerechnet, der ist auch zu lang.«

»Aber siehst du, Peter, du musst ja gar nicht den ganzen Psalm sagen. Nur ein Stück davon. Dann ist der liebe Gott schon zufrieden.«

»Glaubst du wirklich?«

»Gewiss doch!«

Der Junge scheint anhaltend nachzudenken.

»Denn man los!«, meint er endlich und setzt sich in Positur. Und indem er die Hände faltet, sagt er mit seiner weichen Stimme und einem Pathos, das Mama zu Tränen rührt:

»Ich hebe meine Augen auf zu den Bergen, von welchen mir Hilfe kommt. Meine Hilfe kommt von dem Herrn, der Himmel und Erde gemacht hat. Er wird deinen Fuß nicht gleiten lassen, und der dich behütet, schläft nicht. Siehe, der Hüter Israels schläft noch schlummert nicht – – – –«

Bei dieser Stelle hält er plötzlich inne, richtet den Blick empor und sagt leise:

»Lieber Gott ... Fortsetzung folgt ...«

Im nächsten Augenblick ist er eingeschlafen.

Ein Junge erzählt seinen Kameraden, unter denen sich auch Peter befindet, dass er in den Ferien in Misdroy an der Ostsee gewesen sei und auf einem Ausfluge am Jordansee, der in der Nähe des Badeortes liegt, Kaffee getrunken habe.

»Jordansee?«, wiederholt Peter, und seine Augen werden ganz groß. »Hast du da nich 'n paar Leute aus der Bibel gesehn, am Jordansee?«

»Aus der Bibel?«, erwidert der Junge. »Nee ... aus der Bibel ... welche denn?«

»Na, den Abraham und den Isa–a–ak und den Lot und sooo ...«

»Ih wo«, meint der andere etwas verächtlich, »nich die Spur ... nich mal gehört. ... Wohnen die denn da?« – Ein älterer Junge zeigt seine Gelehrsamkeit mit den Worten: »Natürlich doch, die ollen Juden waren doch mal am Jordan.«

»Nee«, wiederholt der Erzähler, »olle Juden haben wir gar nich gesehn.«

Peters Mama hat die Unterhaltung belauscht und ruft ihren Jungen heran.

»Siehst du«, belehrt sie ihn, »der Abraham und der Isaak und der Lot, die haben vor vielen, vielen hundert Jahren gelebt – – –«

Der Junge macht ein sehr enttäuschtes Gesicht; etwas wie Entrüstung drückt sich in seinen Mienen aus.

»Ja«, meint er höchst unwillig, »warum lernen wir denn in der Schule immer von gestorbenen Menschen? ... Warum lernen wir nie und nie von lebendigen Leuten?«

Eine Pressburger Schule hat einen neuen Lehrer bekommen. Als er das erste Mal in seiner Klasse unterrichtet, geschieht es, dass er niesen muss. Es bleibt alles still.

Da er sich dazu berufen fühlt, die Jungen zu höflichen Menschen zu erziehen, hält er folgende Ansprache an sie:

»Wenn jemand niest, dem ihr Achtung schuldig seid, dann müsst ihr rufen: »Zur Genesung!« oder »Zur Gesundheit!« oder »Helf Gott!« So schickt es sich ... Also Kinder, wenn ich wieder einmal niese, dann müsst ihr's so halten, wie ich's gesagt habe, denn eurem Lehrer seid ihr Achtung schuldig.«

Am nächsten Tage geschieht es wieder, dass er niesen muss.

Es entsteht nun ein Höllenspektakel. Die Jungen brüllen ihr »Helf Gott!«, ihr »Zur Genesung!« und ihr »Zur Gesundheit!« durcheinander und können sich gar nicht genug tun damit.

Am folgenden Tage ereignet sich dasselbe in noch erhöhtem Maße, sodass sich der Lehrer die Ohren zuhält und weitere Wünsche beim Niesen ein für alle Mal unter Androhung schwerer Strafen verbietet.

Am Tage darauf muss er wieder niesen.

Da brüllt der kleine Mendel Weißfisch, der gestern gefehlt hatte, mit seiner hellen Stimme durch die tiefe Stille: »Zer-spring!«

In der jüdischen Schule zu Bielitz in Schlesien, einer, in früheren Jahren wenigstens, ausgezeichneten Anstalt, übt der Lehrer mit den Zöglingen die Präpositionen ein. Er hat ihnen eben jene Verhältniswörter erklärt, die den Dativ und Akkusativ, »den dritten und vierten Fall regieren«, und die Jungen sollen nun zu jedem der Wörtchen einen Satz bilden. Die Sache ist allen ziemlich klar, nur dem sonst ganz hellen Köpfchen von Abraham Mandelbaum, der erst vor kurzem mit seinen Eltern aus dem galizischen Städtchen Chrzanow nach Bielitz übersiedelt ist, will die Geschichte nicht recht eingehn. Zweifellos weil er in Chrzanow niemals etwas davon gehört hat, dass solch kleinen Dingern wie den Präpositionen eine so große Macht eingeräumt ist über die Sprache.

Umso größer ist der Eifer des Lehrers, die Sache dem Knaben beizubringen. Diesem ist die Aufgabe gestellt, einen Satz zu dem Wörtchen »über« zu bilden, in dem es den vierten Fall regiert. Alle Versuche Abrahams, das Rechte zu treffen, schlagen fehl.

»Also pass einmal auf«, sagt der Lehrer, »pass gut auf: ›Das Pferd springt über den – – – das Pferd springt über den – – –‹«

Da leuchtet Abrahams Gesicht auf, er hat verstanden und ruft:

»Ich weiß … ich weiß schon … Das Pferd springt über den, weil man es hat geschlagen …

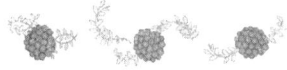

Der Lehrer will den Kindern erklären, was unter »Seehandel« zu verstehen ist.

Es meldet sich der Kleine Teiteles und sagt stolz:

»Mein Vater betreibt den Seehandel.«

»Wieso denn, Isaakchen?«

»Er hat erst gestern zu Mutter gesagt: ›Was ich seh‹, damit handel ich …«

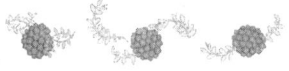

Den Schülern wird das Wesen des Thermometers erklärt.

»Beim 100. Grad«, sagt der Lehrer, »fängt das Wasser an zu kochen – –«

Moritz Levysohn hebt die Hand.

»Nun, was willst du?«

»Herr Lehrer, wieso weiß das Wasser, dass es sind 100 Grad? …«

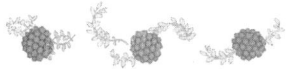

In der Untersekunda eines Posenschen Gymnasiums wird Goethes Lebensgeschichte besprochen. Der Lehrer erzählt unter anderem, dass der große Dichter im Jahre 1806, in seinem 57. Lebensjahre, seine »kleine Freundin« Christiane Vulpius zur Frau genommen habe, und stellt darauf die Frage:

»Kann mir einer sagen, weshalb Goethe erst so spät geheiratet hat?«

Es meldet sich ein Schüler.

»Nun, Karfunkel, warum hat Goethe erst im vorgerückten Mannesalter ans Heiraten gedacht?«

Darauf Karfunkel:

»Wahrscheinlich hat er von Haus aus genug Geld gehabt …«

AUF DEM WEGE ZUR BILDUNG

Ein Münchener Rechtsanwalt, der als Verteidiger sowohl wie als Verfasser von geistreichen Lustspielen in ganz Deutschland und darüber hinaus berühmt ist, hat auf seinem Arbeitstische ein zierliches Rähmchen stehen, das nichts enthält als einen vergilbten Zettel. Darauf sind in zittriger, unbeholfener Schrift drei Buchstaben zu lesen:

P. f. s.

Wenn man den Rechtsanwalt fragt, welche Bedeutung die merkwürdige Inschrift habe, erzählt er folgendes Geschichtchen:

»Meine alte liebe Großmutter hatte damals, als ich, zwanzig Jahre alt, meine ersten kleinen Bühnenstücke schrieb und mit den Theaterleuten zu verkehren anfing, eine schwere Sorge. Die Sorge, die Schauspieler, dies verrufene Volk, könnten einen schlimmen Einfluss auf mich gewinnen, ja mich vielleicht gar zu einem der Ihrigen machen. Denn dergleichen hatte man in meiner Vaterstadt Fürth schon schaudernd miterlebt. Sie bat mich inständigst und immer mit Tränen in den Augen, einen so gefährlichen Umgang, der sich für einen jüdischen Mann aus bekoweter (ehrenhafter) Familie nicht schicke, zu unterlassen, und als ich die alte liebe Frau kurz vor ihrem Tode besuchte, drückte sie mir dieses Zettelchen in die Hand, das alle ihre Wünsche zusammenfasste ... Dieses Zettelchen mit den rätselhaften Buchstaben: »P. f. s.«, das mir ein Talisman sein sollte ... Da ich nicht verstand, was das bedeuten sollte, sah ich sie fragend an. Da lächelte sie und sagte:

»Mein lieber Junge … P. f. s. … das heißt: ›Pleib fon se!‹ (Bleibe von ihnen!) … Pleib von die Komödianten …«

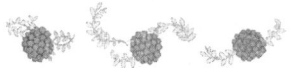

Als der reichgewordene Spiritusspekulant Schönherz aus Wien zum ersten Mal mit seiner Familie nach Ischl kommt, sagt er zu seiner Frau:

»Mach's Fenster auf, Mali, damit das Klima reinkommen kann!«

Derselbe antwortet auf die Frage, welchen Beruf er für seinen Sohn gewählt habe:

»Wir lassen ihn Klassiker werden …«

Dieser selbe Sohn wurde indes kein »Klassiker«, worunter Herr Schönherz einen Dichter verstand, sondern Maler. Infolgedessen interessierte sich sein Vater auch ein wenig für die Kunst, las hier und da ein Buch, das sich mit Malern und Malerei beschäftigte, und horchte da und dort ein wenig herum.

Schönherz, der jüngere, wurde nun ein ganz tüchtiger Maler, aber der rechte Ruhm wollte sich nicht einstellen. Das schmerzte den alten Herrn, der von der Börse her an »rasche Geschäfte« gewöhnt war, und eines Tages sagte er zu seinem Sohne, der inzwischen 38 Jahre alt geworden war:

»Weißte, Moritz, das Malen kannste aufgeben. Wenn ich denk, was Raffael hat geleistet … In dein Alter war er sogar schon ein Jahr tot …«

Eine Schwester des alten Schönherz kam aus ihrem galizischen Heimatstädtchen zu Besuch nach Wien. Als sie ihren Neffen kennenlernte, fragte sie ihn, was sein Geschäft sei.

»Ich bin Maler«, sagt er.

»Maler?«, wiederholt sie. »Heutzutage Maler? Heißt ein Geschäft! Wo alle Leut ihre Zimmer schon tapezieren lassen?«

Die Frau Kommerzialrat Löwenstein hat von ihrem Töchterchen, das ein Gymnasium besucht, allerlei lateinische Brocken sich angeeignet und liebt es, sie bei passender Gelegenheit anzuwenden. So erzählt sie ihrem Manne:

»Denk dir nur, die Rosenfeld prahlt vor mir, ihr Mann hätte ihr aus Paris drei Toiletten von Worth mitgebracht … Da denk ich mir: hic Rhodus, hic salta – – hier ist Rhodus, hier zerspring – – und hab ihr gesagt, du hast mir ein Perlenkollier für 20 000 Kronen zum Geburtstag geschenkt …«

Fräulein Löwenstein liebt es ebenfalls, ihre lateinischen Kenntnisse zu zeigen; sie tut es zuweilen in ganz lustiger Weise.

Eines Freitagabends gibt es Fische. Fräulein Löwenstein, deren Lieblingsgericht das ist, legt nun mitten im besten Essen die Gabel hin und beginnt aus der bekannten Genusregel folgende Worte vor sich hinzusagen:

»*Panis … piscis … crinis … finis …*«

»Was sagst du da auf Lateinisch, Alice?«, fragt die Mama.

»Was soll ich sagen?«, erwidert die junge Dame. »Ganz einfach: *panis* = das Nachtmahl … *piscis* = der Fisch … *crinis* = das Haar, das ich da drin gefunden habe … und *finis* = ich hör auf zu essen …«

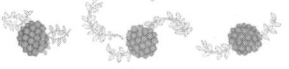

Nach dem deutsch-französischen Kriege setzten viele Elsässer, unter ihnen auch die Juden, ihren ganz besonderen Stolz darein, als Franzosen zu gelten und statt des üblichen deutschen Dialekts »franzeesch« zu sprechen. Sie liebten es, ihre Söhne in Pariser Geschäften anstellen zu lassen und ihre Töchter nach Frankreich zu verheiraten. Zu einer völligen Beherrschung der französischen Sprache haben sie es aber nicht gebracht.

Eines Tages reiste eine jüdische Frau aus dem Elsass zu ihrer Tochter nach Paris. Nach Hause zurückgekehrt, erzählt sie ihrem Manne ganz entrüstet:

»Was meinste, Louis, mer hat mich in Paris for ne Deitsche gehalte!«

Der Mann antwortet:

»Nu, Sarche, du wersch franzeesch geredt hawwe …«

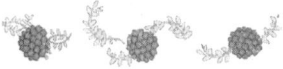

Ein berühmter Berliner Bankier erkundigte sich nach einem Manne, den er anstellen wollte. Es wurde ihm gesagt, dass der Bewerber ein ganz brauchbarer Mensch, aber nicht ganz integer (unbescholten) sei.

Der Bankier erwiderte:

»Ob er ist teger oder integer, das ist mir ganz egal, wenn er nur tüchtig ist.«

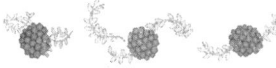

Von einem Dessauer Kaufmann wird erzählt, dass er einen seiner Kommis mit folgenden Worten charakterisierte:

»Ein Pferd ist 'n Pferd, aber 'n Ochs ist 'ne Tatsache …«

Derselbe sagte zu einem Lehrling nach vollendeter Lehrzeit:

»Kohn, von heut an sind Sie Kommis … aber nich bei mir …«

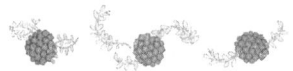

Nathan Baumblatt in Stryj in Galizien ist ein sehr lernbegieriger junger Mann und liest eifrig in allerlei Büchern. In einem wird von einem Romanhelden gesagt, dass er einen »*Henri quatre*« trage. Da Baumblatt das nicht versteht, wendet er sich an einen ihm bekannten Belfer (Hilfslehrer in einer jüdischen Schule), der ihm schon öfter schwierige Stellen in den deutschen Büchern erklärt hat. Der gibt ihm auch diesmal Auskunft:

»Ein *Henri quatre* ist 'n Bart.«

»Warum heißt der Bart *Henri quatre*?

»Warum? Na nach'm franzeeschen König …«

»Nach was für ein franzeeschen König?«

»Chammerche (Eselchen)«, sagt der Belfer, »haste noch nie gehört von Ludwig dem Fünfzehnten?«

Salomon Wassertrilling ist nach Wien gekommen und will, da er gute Geschäfte gemacht hat, ins Theater gehn. Er schickt also seinen Sohn an die Anschlagsäule, damit er nachsehe, was abends gespielt wird.

Nach einem Weilchen kommt der junge Mensch zurück und meldet:

»Nathan, der Weise von Lowood …«

Mendel Gelbfarb erzählt seinem Freunde Gideon Mondschein eine ganz unglaubliche Geschichte. Als er endet, drückt Mondschein seine Zweifel mit den Worten aus:

»Wie heißt?!«
Darauf Gelbfarb in höchster Entrüstung:
»Wie heißt wie heißt? …?!«

»Ich werd dir aufgeben ein Rätsel«, sagt an der Wiener Börse Moritz Abeles zu Simon Pech. »Das erste ist ein Vogel, das zweite ist ein Gewehr, das Ganze ist etwas ein Dichter …«

»Ich kann nicht erraten«, sagt Simon Pech. »Was kann das schon sein?«

»Pass auf … Das erste ist eine Grill … Das zweite ist ein Panzer … Und das Ganze ist … Grillpanzer. Das ist gewesen ein berühmter Dichter.«

Simon Pech überlegt.

»Unsinn! Ist denn eine Grill ein Vogel?«, schreit er.

»Nu, ist denn ein Panzer ein Gewehr?!«, gibt Moritz Abeles zurück.

In einem Abteil eines nach den böhmischen Bädern fahrenden Eisenbahnzuges hat sich eine Unterhaltung über Politik entsponnen, die ziemlich lebhaft wird. Chaim Manasse aus Tarnopol sitzt ruhig in seiner Ecke und hört zu, ohne sich an dem Gespräch zu beteiligen. Da wendet sich einer der Herren an ihn:

»Und wie sind Sie gesinnt?«, fragt er.

»Ich bin nebbich gar nich gesind …«, erwidert er.

»Das ist unmöglich«, ruft der andere.

»Gott«, entschuldigt sich Chaim Manasse, »wenn ich möcht sein gesind (gesund), möcht ich gewiss nich fahren nach Karlsbad …«

Herr Meierfeld heißt seit zwei Tagen: von Meierfeld. Er ist geadelt worden.

Während er mit seiner Familie beim Mittagessen sitzt, klingelt es am Fernsprecher; der älteste Sohn nimmt den Hörer ans Ohr und ruft: »Hier Meierfeld!«

Da zitiert der alte Herr frei nach Goethes »Iphigenie«:

»Otto, Otto …, du hast ein großes Wort gelassen aus …«

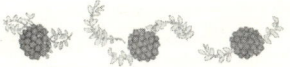

Bei Meiers ist Soiree, und es werden »Rätsel« gestellt. Auf Ersuchen des Hausherrn müssen sich die Doktoren Kahn und Schiffer in die Mitte des Saales stellen und um sie herum Herren und Damen, die auf Kommando den Mund recht weit aufreißen sollen. Das Kommando erfolgt.

»Was ist das?«, fragt der Arrangeur.

Niemand weiß es. Man verlangt stürmisch die Lösung.

Sie lautet:

»Ich glaube, die wellen verschlingen
Am Ende noch Schiffer und Kahn …«

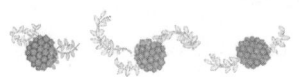

Jossel Komödiant – er wird nur wegen seiner Spaßhaftigkeit so genannt – trifft den Belfer (Behelfer = Hilfslehrer), einen etwas beschränkten Menschen, und redet ihn an.

»Sagt mir doch, Belfer, wie das ist … Ich denk schon nach drei Tag und drei Nächte … Warum schreibt man ›Amen‹ mit einem ›p‹?«

»Mit'n ›p‹?«, wiederholt der Lehrer verwirrt. »Amen mit'n ›p‹?!«, und fährt entrüstet fort: »Warum schreibt man ›Amen‹ mit'n ›p‹?!!«

»Nu, das frag ich Euch doch!«, ruft Jossel Komödiant.

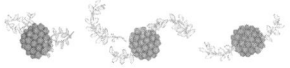

In einem Eisenbahnabteil für Nichtraucher finden sich drei Leute aus Tarnopol beisammen. Da niemand da ist, der sie stören könnte, zieht der Eine seine Pfeife aus der Tasche und sagt:

»Ach raach … (ich rauche!)«

Der Zweite tut desgleichen und meint:

»Raach ach aach … (rauche ich auch!)«

Darauf der Dritte:

»War ach aach raachen … (werde ich auch rauchen!)«

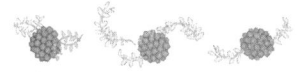

Einige befreundete Börsianer beschließen, zu Purim, der jüdischen Fastnacht, für ihre Familien einen Kostümball zu veranstalten. Etwas ganz Feines: einen Kostümball mit einer witzigen Idee. Diese Idee besteht darin, dass die Kostüme irgendwie auf die Börse Bezug haben müssen.

Die Sache lässt sich auch sehr gut an. Die Damen und Herren haben das Rechte getroffen, und man sieht die verschiedenen Aktiengesellschaften usw., deren Papiere an der Börse gehandelt werden, recht lustig verkörpert und karikiert.

Da erscheint Salli Tulpental und erregt großes Aufsehen. Er kommt nämlich als Napoleon I. und schreitet stolz und düster durch die vergnügte Gesellschaft, die sich durchaus nicht erklären kann, in welchem Zusammenhang der französische Kaiser mit der Idee des Festes stehen könne. Das bedarf jedenfalls der Aufklärung, und deshalb wird Tulpental von Herrn Efraim Grobtuch gestellt:

»Was fällt Ihnen ein, Herr Tulpental? Wie können Sie daherkommen als Napoleon?! Was hat Napoleon zu tun gehabt mit der Börse?!!«

»Was Napoleon zu tun gehabt hat mit der Börse?«, fragt Tulpental zurück und wirft sich in die Brust, »sehr gut … Napoleon … Nu … Korse (Kurse) …«

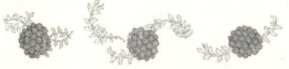

In einer Gesellschaft unterhalten sich die Herren von ihren Frauen. Der als witzig bekannte Wolfstein gibt folgenden Scherz zum besten:

»Ich sag Ihnen ... meine Frau ... Einen Reiz hat sie gehabt ... Das war der Hustenreiz ... Und da hab ich sie geschickt nach Ems, dort hat sie ihn verloren ...«

»Nu«, meint Salomon Krotoschiner, der erst vor kurzem aus Posen nach Berlin gekommen ist, »nu, das ist nischt gegen meine Gemahlin ... Die hat einen Charme gehabt ... einen Charme ... das war der Regenscharm ... Und den hat sie im Omnibus stehen gelassen ...«

Der Regenschirm spielt überhaupt eine gewisse Rolle in den jüdischen Scherzen. Es sei nur an folgendes alte Geschichtchen aus Posen erinnert:

Die gebildete Frau Krojanker will ihrem Manne das falsche Sprechen abgewöhnen und macht ihn deshalb immer auf seine Sprachfehler aufmerksam.

»Du darfst nicht sagen Scherm«, spricht sie zu ihm. »Es wird geschrieben Schirm, und man sagt auch: Schirm.«

»Gott«, gibt er zur Antwort, »was du immer hast, Leonore ... Ich weiß schon ... Man kann sagen: Scharm, man kann sagen Scherm, man kann sagen Schirm, Schorm, Schurm ... Aber was kommt raus dabei? ... Es bleibt doch immer 'n Scherm ...«

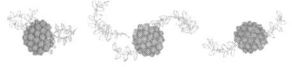

Die Gattin eines reichen Wiener Kaufmanns, dem es nach langen Bemühungen gelungen ist, die »diplomatische Vertretung« von Paraguay zu erhalten, nimmt aus diesem Anlass die Glückwünsche ihrer Bekannten entgegen.

»Gott«, schwärmt einer der Hausfreunde, »muss das ein stolzes Gefühl sein, wenn man Konsul wird!«

Die Dame wirft ihm einen vernichtenden Blick zu.

»Konsul?«, meint sie naserümpfend, »Konsul, Herr Neugröschl?! Ich will Ihnen was sagen: Napoleon war Konsul … Mein Mann ist Gott sei Dank – General-Konsul …«

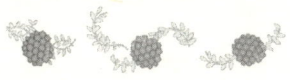

Der Dr. Simon Kameelhaar, ein Wiener Advokat, erhält den Besuch eines seiner Verwandten aus Ulanow in Galizien. Als er mit ihm einen Spaziergang macht, geht ein Herr an ihnen vorüber und grüßt. Kameelhaar hat das nicht bemerkt, wohl aber sein Vetter. Der stößt also den Advokaten an und sagt:

»Du, Simon, man hat dir gegrüßt …«

»Dir gegrüßt!«, macht der gebildete Kameelhaar seinem Vetter belustigt und geärgert zugleich nach. »Dir gegrüßt … Man hat dich gegrüßt!«

»Mir?«, erwidert der Mann aus Galizien erstaunt. »Mir? … Man hat mir gegrüßt?!«

»Mir! Mir!«, schreit der Wiener. »Wie heißt mir? Man hat mich gegrüßt!«

Da fährt der Ulaner auf.

»Was willste denn? Ich hab doch gleich gesagt, man hat dir gegrüßt …«

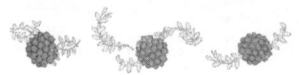

Herr Wassertrilling wird von seiner Frau in der Kunstausstellung herumgeführt.

Ein Bild, das allerlei Früchte darstellt, erweckt sein Interesse, und er fragt:

»Sarah, was soll das sein?«

Frau Wassertrilling antwortet:

»Still-Leben.«

Da flüstert ihr ihr Mann wütend zu:

»Man wird doch noch reden dürfen!«

In der Oper schwärmt Frau Wassertrilling von dem Tenoristen:

»Nein, wie schön er singt! Wie schön er singt!«

»Spaß!«, sagt Wassertrilling. »Wenn ich möcht so eine Stimme haben, möcht ich auch so singen.«

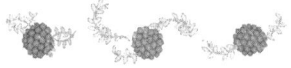

Aus dem älteren Berlin hat sich ein für die Judensprache jener Zeit charakteristisches Geschichtchen erhalten:

Heimann trifft Kohn und erzählt ihm:

»Haste gehört? Dein Vetter Moses hat gestern gesalzene Mackes (Prügel) gekriegt auf'n neien Markt … Ich bin gerade dazugekommen – so was hab ich noch nich gesehn.«

»Moses? Prügel gekriegt? Wovor?«

»Wovor? … Vor alle Leut …«

»Aber Heimann, ich mein ... worüber?«

»Worüber? ... Übern Rücken ...«

»Um Gottes willen, Heimann, ich will wissen, was er hat gemacht?«

»Was er hat gemacht? Was soll er haben gemacht? ... Gewalt hat er geschrien.«

Herr Kohn gerät an der Börse mit Herrn Heimann ins Streiten und ruft ihm wütend zu:

»Schrei doch nicht so, Heimann!«

Darauf Heimann noch wütender:

»Wer schreit? ... Ich schrei? ... Er schreit, schreit er; ich schrei!«

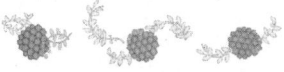

Derselben Quelle sei noch der folgende Scherz nacherzählt: In einem Cheider (Schule, wo den Kindern das Hebräische beigebracht wird), will der Belfer (Behelfer = Hilfslehrer) die Schüler im Deutschen unterrichten. Er sagt ihnen:

»Ich habe bemerkt, dass ihr noch immer nicht wisst, wann man sagt »mir«, und wann man sagt »mich«. Das ist sehr einfach: »Mich« ist immer die Einzahl. Zum Beispiel: »Es tut mich leid« ... »Mir« ist immer die Mehrzahl. Zum Beispiel: »Mir Jüden sind ein gehasstes Volk ...«

Schwersenzer und Breslauer haben sich im Restaurant Forellen bestellt. Der Kellner bringt eine Schüssel, auf der zwei Fische liegen, und bietet zuerst Herrn Schwersenzer an. Dieser überlegt nicht lange, sondern nimmt ohne Weiteres die größere Forelle und beginnt zu essen.

»Schwersenzer«, sagt Breslauer gekränkt, »ich hab wirklich nicht geglaubt, dass du bist so ein Mensch ohne jede Lebensart.«

»Wieso bin ich ohne Lebensart?«, fährt Schwersenzer auf.

»Das will ich dir sagen. Wenn man ist ein Mensch mit Lebensart, und es wird einem eine Schüssel gereicht mit einer großen und einer kleinen Forelle, dann wählt der Mensch mit der Lebensart die kleinere Forelle und lässt dem andern die größere …«

Schwersenzer überlegt eine Weile.

»Nu«, meint er dann, »wenn man dir hätte zuerst angeboten die Schüssel … welche Forelle hättest du genommen, Breslauer? Die große oder die kleine?«

»Selbstverständlich die kleine!«, antwortet Breslauer.

»Also, was schreiste?«, ruft Schwersenzer. »Du hast ja die kleine!«

VON ABTRÜNNIGEN, ZWEIFLERN UND SPÖTTERN

Wiener Juden stehen nicht ohne Berechtigung in dem bösen Rufe, sich ihres Judentums zu schämen. In der Tat häufen sich – und zwar von Jahr zu Jahr in verstärktem Maße – die Taufen unter den dortigen Israeliten. Die Leute lassen sich, wie das jüdische Wort lautet, »schmatten«. Einzeln und familienweise, auf alle Fälle aber, damit es die Welt auch erfahre, unter großem Pomp und unter Veranstaltung von Festlichkeiten. Die meisten dieser Taufen, bei denen es sich in der Regel um reiche oder vielmehr um reich gewordene Leute handelt, werden in Wiens schönster Kirche vorgenommen, in der auch, wie spottender Weis gesagt wird, die Mehrzahl der »jüdischen Trauungen« stattfindet. In der herrlichen Kaiserstadt an der Donau soll es so viel »Getaufte« geben, dass eine große Wiener Zeitung, die als Judenblatt gilt, allgemein als das Organ der »geschmatteten Juden« bezeichnet wird. Auch das hat eine gewisse Berechtigung, denn in diesem Blatte scheint es verpönt, das Wort »Jude« zu gebrauchen (offenbar, damit seine Leser »in ihren religiösen Gefühlen nicht verletzt werden«), und als der berühmte Schauspieler Adolf von Sonnenthal starb, vermied man dort ängstlich, von der Abstammung des Künstlers zu sprechen. Vermied es, trotzdem der große Menschendarsteller in seinem Testamente mit den Worten: »als Jude habe ich gelebt, als Jude will ich begraben sein!«, sich feierlich zu seinem Glauben bekannte ...

Da aber Wien die Stadt der »geschmatteten« Juden ist, ist sie auch die Stadt der Witze über die »Getauften«. Einige seien hier wiedergegeben.

Frau Löwi hat gehört, dass die Familie Schmelkes sich demnächst taufen lassen werde. Als sie der Frau Schmelkes begegnet, fragt sie sie:

»Wann findet doch bei Ihnen die Schmattinee statt?«

Bei den »jüdischen Trauungen« in jener schönsten Wiener Kirche soll der Küster kurz vor Beginn der feierlichen Handlung an die männlichen Gäste herantreten und ihnen zurufen:

»Die Herren werden gebeten, die Hüte abzunehmen!«

Bekanntlich behalten die Juden in der Synagoge die Hüte auf dem Kopfe.

Zum Verständnis des folgenden Geschichtchens sei vorausgeschickt, dass der Diener des jüdischen Gotteshauses »Schammes« genannt wird. Ein bekannter Witzbold erzählt nun von einer Hochzeit getaufter Juden in der schon erwähnten schönsten Kirche:

»Als nach beendeter Trauung der Küster auf das Brautpaar zuging, um ihm zu gratulieren, stieg ihm beim Anblick des Bräutigams – die Schammesröte ins Gesicht ...«

Jechiel Pitscheles ist schon dreimal beim Pfarrer gewesen, um sich taufen zu lassen. Der Geistliche ist aber durchaus nicht geneigt (und er weiß schon warum), diesen jüdischen Mann in die christliche Gemeinschaft aufzunehmen. Da aber Pitscheles nicht aufhört, ihn zu bestürmen, und immer dringender verlangt, dass der Pfarrer ihn taufe, sagt dieser endlich mit einem schweren Seufzer:

»Herr Pitscheles, also schön … Ich will's versuchen …«

Dieses Geschichtchen hat eine Fortsetzung:

Eines Tages kommt der Herr Pfarrer aus der Kirche. Er sieht abgespannt, ermüdet aus, und von seiner Stirn rinnt der Schweiß.

Er begegnet einem Freunde, der ihn besorgt fragt, was – um Gottes willen – ihm denn fehle?

»Ich habe eine entsetzlich schwere Arbeit hinter mir«, stöhnt der geistliche Herr.

»Ja, was haben Sie denn so Schweres gemacht?«

»Was ich gemacht habe? … Herrn Jechiel Pitscheles hab ich eben getauft …«

»Einmal taufen«, sagte ein Wiener Pfarrer zu einem Bankier, der übertreten wollte, »einmal taufen, lieber Herr, wird bei Ihnen nicht viel nützen, und zweimal taufen ist nicht erlaubt …«

Herr Siegfried Löwi, Manufaktur en gros, hat sich eines Sonntags taufen lassen. Am Montag betritt Mundi Kohn sein Geschäft, und als er Löwi begrüßt, kann er sich nicht enthalten, zu lächeln. Und er lächelt, ohne ein Wort zu sprechen.

Löwi aber fährt, da er dies Lächeln sieht, nervös auf:

»Was fällt Ihnen ein, Kohn! Hab ich mich jemals über Ihre Religion lustig gemacht?«

»Was nützt euch die Taufe?«, sagte der bekannte (vor einigen Jahren verstorbene) Prediger Jellinek in einer Gesellschaft. »Wenn ihr die gleichen Menschen bleibt wie früher? Der getaufte Kaufmann schreit weiter: ›Nix zu handeln?!‹ … Der getaufte Arzt schreit weiter: ›Nix zu behandeln?!‹ … Und der getaufte Advokat schreit weiter: ›Nix zu verhandeln?!‹ …«

Hand in Hand mit den Taufen gehen die Namensänderungen. Es ist ja begreiflich, dass eine gebildete Familie, deren Urgroßvater den Namen »Bauchgedanke«, »Kanalgeruch«, »Afterduft« aus Ostgalizien nach Wien mitgebracht hat, den Wunsch hegt, diesen ihren Namen gegen einen appetitlicheren zu vertauschen, ohne gleich den Glauben desselben Urgroßvaters abzuschwören. Indes, die »Schmatt-Kandidaten« gehen viel weiter. Sie wollen reinen Tisch machen. Der neue Name soll auch nicht nur nicht im entferntesten an Jüdisches anklingen, er soll auch sonst großartig sein. Und so nennen sich Leute, die »Mazzebecker« heißen, einfach »Mazarin«, die Neckeles, die Kohns, die Pitscheles und Patscheles, die Jingeles, die Teiteles und Pinkeles: Nestor, Kuënberg, Lejeune, Lafontaine usw., und Wolfke Teitelbaum auf Rzeszow muss unbedingt Wilhelm Tell heißen. Bekannt ist ja wohl das Geschichtchen von dem »schlecht getauften« Herrn Chaim Weiß, der ein Gesuch beim Kaiser einreichte, sich fortan – wegen seiner leidenschaftlichen Liebe zu Wallenstein, dem großen Feldherrn – nach diesem »Albrecht Wenzel Eusebius Wallenstein« (auf die »Vornamen« sei er ohnedies getauft) nennen zu dürfen. Die Antwort besagte: »Wallenstein nicht, aber – was dasselbe ist – Friedländer …«

Ein Rechtsanwalt namens Kränkeles wandte sich an den Minister mit der Bitte, seinen Namen ändern zu dürfen.

»Warum wollen Sie das tun?«, fragt die Exzellenz.

»Die Namen auf ›eles‹ klingen doch gar zu jüdisch, und jetzt, wo ich Christ bin – – –«

»Jüdisch?«, unterbricht ihn der Minister. »Jüdisch? Wieso denn? Klingt Praxiteles jüdisch? Klingt Aristoteles jüdisch? Was haben Sie also gegen Kränkeles?«

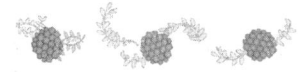

»Wie heißen Sie?«, fragt ein Richter in Budapest einen sehr jüdisch aussehenden Zeugen.

»Lehelenyi«, antwortet der Gefragte.

Der Richter lächelt spöttisch, wiederholt den Namen und fügt hinzu:

»Früher gewiss Löwi … Ihr Vorname?«

»Arpad«, erwidert der Zeuge geärgert.

»Arpad … Arpad«, lacht der Richter auf, »früher gewiss Aaron … Religion?«

»Und wenn Sie zerspringen«, schreit der Zeuge giftig, »und wenn Sie zerspringen, Herr Richter: römisch-katholisch …«

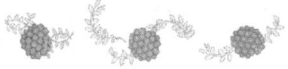

Dr. Löbl, ein junger, liebenswürdiger Arzt aus Wien, macht auf einer Mittelmeerreise die Bekanntschaft eines Herrn Müller aus Westfalen. Der Wiener, ein kleiner beweglicher Mann mit schwarzen Locken und Augen, und der blonde, blauäugige Westfale, ein Hüne von Gestalt, finden Gefallen aneinander und sind an Bord des Schiffes stets beisammen zu sehen. Gemeinsame Liebhabereien, besonders Musik und Literatur, tuen ein Übriges: Kurz, die beiden grundverschiedenen Menschen werden Freunde, die sich während der zwanzigtägigen Fahrt immer mehr schätzen lernen.

Auf ihren Spaziergängen an Bord sprechen sie von allem möglichen, aber von ihren persönlichen Verhältmssen haben sie sich noch niemals unterhalten. Erst am letzten Tage der Seereise fühlt Dr. Löbl hierzu das Bedürfnis.

»Wir haben nun so lange freundschaftlich miteinander verkehrt, Herr Müller«, sagt er, »da fühle ich mich doch verpflichtet, Ihnen noch eines zu sagen … Ich sehe wohl so aus, und der Name klingt auch so … sie denken gewiss, ich sei Jude – ich bin aber Christ.«

Der Westfale betrachtet den kleinen Wiener Doktor etwas erstaunt, lacht dann gemütlich auf und antwortet:

»Aber, lieber Freund, das tut doch nichts. Ich sehe wohl auch so aus … und auch der Name klingt so … Sie denken gewiss, ich sei Christ – aber, was tut Gott? … Ich bin Jude …«

Herr Veilchenfeld ist Korrespondent im Bankgeschäft von Salomonsohn in Berlin.

Eines Tages verspätet er sich. Als sein Chef ihn nach der Ursache fragt, macht Veilchenfeld ein etwas hochmütiges Gesicht und sagt so ein bisschen von oben herunter:

»Sie entschuldigen schon, Herr Salomonsohn, aber die Zeremonie hat etwas länger gedauert, als ich erwartete.«

»Welche Zeremonie?«

»Nu … in der Kirche …«

»Was haben Sie gemacht in der Kirche?«, fragt Salomonsohn.

»Was soll ich gemacht haben?«, erwidert Veilchenfeld stolz. »Ich habe mich eben taufen lassen.«

Herr Salomonsohn sieht seinen Angestellten betroffen an, sagt aber nichts (denn er ist sprachlos!), sondern zieht sich brummend in sein Privatkontor zurück.

Eine Stunde später legt ihm Veilchenfeld die erledigten Korrespondenzen vor und geht an seinen Platz zurück. Nach einigen Minuten folgt ihm der Chef, der in einem der Briefe einen Fehler entdeckt hat, und sagt lächelnd:

»Veilchenfeld, wie wird das nu werden? … Kaum sind Se eine Stund geschmatt, und schon sind Se ein Chammer …«

»Also ganz und gar haben Sie sich entjudet, Herr von Pollack?«, wird ein Wiener Bankier gefragt. »Es ist erstaunlich. Sie haben sich doch erst vor zehn Jahren taufen lassen. Sollte da wirklich keine einzige jüdische Eigenart zurückgeblieben sein?«

»Nu«, meint Herr von Pollack, »wenn ich soll ganz aufrichtig sein … eine ist noch da …«

»Und die wäre …?«

Herr von Pollack seufzt:

»Vor die Hunde fürcht ich mir noch …«

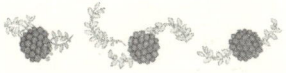

Wolf Ingber aus Brody befindet sich auf der Reise nach Wien. In Oderberg verlässt er den Wagenabteil, den er allein inne hat, um den längeren Aufenthalt zu einem Spaziergang auf dem Bahnsteig zu benützen. Während er langsam auf und ab geht, fesseln die zierlichen Schinkenbrötchen, die auf dem Verkaufsbuffet ausgestellt sind, seine Aufmerksamkeit. Er sieht, wie einzelne Reisende die anscheinend leckeren Semmeln mit Behagen verzehren, und in seinem Herzen erwacht die Begier, auch einmal in seinem Leben von der verbotenen Speise zu kosten. Denn der Schinken, da er vom Schwein stammt, ist nun einmal »treife« und sein Genuss auf das Strengste verpönt.

Aber die Begierde ist in Wolf Ingber, der sonst mit Recht als frommer und gesetzestreuer Mann gilt, erwacht und lässt ihn nicht wieder los, ja, sie wächst so mächtig an, dass er ihr nicht mehr zu widerstehen vermag, und als das dritte Läuten ertönt, und der Zug sich schon in Bewegung setzen will, stürzt er ans Büfett, wirft der Verkäuferin zwanzig Kreuzer zu, ergreift eines der Brötchen mit der rötlichen Schinkenscheibe und verschwindet damit in sein Abteil. Dort legt er es vor sich hin und fängt an zu überlegen:

»Soll ich den Schinken essen oder soll ich ihn nicht essen? Wenn ich ihn nicht esse … was wird sein? Die Sünde hab ich doch schon begangen dadurch, dass ich ihn gekauft habe … dass ich ihn in der Hand gehalten habe … dass ich ihn habe essen wollen … Schön …« Er nimmt das Brötchen auf, betrachtet es und fährt fort zu überlegen: »Nu … ich werd's essen … Warum nicht? … Ich bin allein. Kein Mensch sieht mich, und ich habe eine unbändige Lust, da hineinzubeißen … Soll einer kommen und sagen, Wolf Ingber hat

Schweinefleisch gegessen … Eine Sünde, von der keiner weiß … ist das eine Sünde? … Soll ich's nun essen oder soll ich's nicht essen?«

Langsam nähert er das Brötchen seinem Munde. In dem Augenblick aber, da er nun wirklich hineinbeißen will, blitzt es, denn ein Gewitter stand am Himmel, und dem Blitz folgt ein Donnerschlag.

Erschreckt lässt Wolf Ingber die Schinkensemmel fallen und ruft, vorwurfsvoll zum Himmel aufblickend:

»Nu … fragen wird man doch noch derfen?«

Der Kommerzienrat Wolfsohn will in Geschäften nach Russland reisen. Zu diesem Zwecke lässt er sich einen Pass ausstellen, und begibt sich aufs russische Konsulat, um ihn vidieren zu lassen.

Der Beamte, an den er gewiesen wird, macht ihn darauf aufmerksam, dass jüdische Leute die Grenze nicht passieren dürfen.

»Wer sagt Ihnen, dass ich bin jüdisch?«, ruft Wolfsohn empört.

»Ach so, Sie sind nicht jüdisch?«

»Gott behüte, ich bin christlich.«

»Und welcher Konfession, wenn ich fragen darf? Protestantisch oder katholisch, Herr Wolfsohn?«

»Wie heißt Konfession? Auf Details lass ich mir nich ein!«

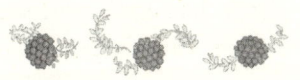

Der Geheime Kommerzienrat Nathan hat es – kurz nach seiner Taufe – bei den hohen und höchsten Behörden endlich durchgesetzt, dass er den ihm unbequem gewordenen Namen ablegen und sich fortan Norris nennen darf.

Er hält nun – besonders in seinem Geschäfte und im Hause – streng darauf, dass man ihm auch stets den Namen gibt, der ihm jetzt gebührt. Er heißt Norris, und so und nicht anders will er angesprochen sein; eher verzeiht er es, dass man seinen Geheimratstitel weglässt, als dass man ihn versehentlich Nathan nennt.

Unter seinen Angestellten ist ein altes Faktotum, namens Lewy, das sich an die neue Ordnung der Dinge nur schwer gewöhnen kann. Immer wieder entschlüpft ihm der verpönte Name, sodass sich Herr Norris schließlich gezwungen sieht, dem Manne, der schon seinem Vater treu gedient hat, die Entlassung anzudrohen, wenn er sich den »Nathan« nicht gründlich abgewöhne.

Das nimmt sich Lewy auch zu Herzen.

Eines Tages trägt ihm nun der Geheimrat auf, an der Anschlagsäule nachzusehen, welches Stück für den nächsten Tag im Königlichen Schauspielhause angekündigt sei. Lewy kommt zurück, ist sehr verlegen und will mit der Sprache nicht heraus.

»Nun, Lewy … was spielen sie?«

»Was sollen se spielen? Das Stück von Lessing spielen se …«

»Was heißt das: das Stück von Lessing? Welches Stück?«

Lewy windet sich ordentlich, endlich findet er einen rettenden Ausweg und ruft:

»Nu … das Stück von Lessing … ›Norris der Weise‹ …«

Lesser Trauring, ein Berliner Kaufmann, will sein Jakobche, einen geweckten Jungen von zwölf Jahren, »wegen der späteren Karriere« zum Protestanten machen lassen und bringt ihn zu einem sehr bekannten Pastor, dessen »Spezialität« die Judentaufen sind.

Als Jakobche zur ersten Unterrichtsstunde kommt, muss er, da der Geistliche nicht zu Hause ist, im Studierzimmer ein Viertelstündchen warten, und er benutzt diese Zeit, um die Bilder an den Wänden aufmerksam zu betrachten. Was er da sieht, erscheint ihm durchaus vertraut: Den Erzvater Abraham, wie er seinen Sohn Isaak opfert, den Erzvater Jakob mit der Himmelsleiter, Moses vor dem brennenden Dornbusch, Moses mit den Gesetzestafeln und den Lichtstrahlen um das Haupt, Aaron vor dem goldenen Kalbe, Moses im Gebet während der Schlacht usw. – alle die bekannten Darstellungen aus dem alten Testament.

Jakobche ist noch ganz vertieft in den Anblick der Bilder, als der Pastor eintritt. Der gewahrt mit Freude das nachdenkliche Gesicht seines Schülers und fragt ihn:

»Nun, Jakob, was denkst du dir vor diesen Bildern?«

»Was soll ich mir denken, Herr Pastor?«, meint Jakobche Trauring, »ich denk mir, dass sie müssen sehr viel jüdische Kundschaft haben …«

Der reiche rumänische Gutsbesitzer Isaak Folticianer ist gestorben. Er gehörte zu den wenigen »konzessionierten Juden«, die im Königreich Rumänien Grundbesitz erwerben durften. Sein Erbe aber, ein Neffe, der in Galatz lebt, hat keine Aussicht, »konzessioniert« zu werden, und man rechnet damit, dass er das Gut schleunigst wird verkaufen müssen.

Dies will sich ein Agent zunutze machen, und reist nach Galatz, um mit Mechel Goldbaum, eben dem Erben, in dieser Angelegenheit zu verhandeln.

Er trifft ihn beim Morgengebet an. Goldbaum steht da, in den Thalles (Gebetmantel) gehüllt, die Thefillin an Stirn und linkem Arm, das Gesicht nach Osten, und murmelt sein Achtzehngebet in tiefster Andacht.

Aber der Agent, der Eile hat – denn es ist ihm bekannt, dass ein Konkurrent sich ebenfalls nach Galatz aufgemacht hat –, fängt trotzdem an, auf Mechel einzureden.

»Herr Goldbaum, das Gut von Ihrem Onkel Folticianer werden Sie nu doch verkaufen müssen –«

Der Betende macht eine abwehrende Bewegung. Er darf jetzt nicht sprechen, seine Andacht nicht unterbrechen. Um das dem Manne recht deutlich zu machen, beginnt er, lauter vor sich hinzumurmeln.

»Es nützt Ihnen doch alles nichts, Herr Goldbaum«, fährt der Agent unbeirrt fort, »Sie werden verkaufen müssen, glauben Sie mir – – –«

»Hum … hum!«, stößt der andere wütend hervor und macht eine drohende Gebärde, um sich dann inbrünstiger als vorher in sein Gebet zu vertiefen.

»Es ist ganz ausgeschlossen«, schreit der Agent, »dass Sie das Gut behalten – – – ganz ausgeschlossen – – –«

Mechel Goldbaum ballt die Hände zu Fäusten, schleudert dem Störer einen vernichtenden Blick zu und fährt in seinem Gebete fort. Er dreht und windet sich, beugt sich zur Erde und schlägt sich an die Brust.

»Wollen Sie also verkaufen?«, ruft der Agent. »Als Jude können Sie das Gut doch nicht übernehmen – – –«

In diesem Augenblick hat Mechel Goldbaum sein Gebet beendet. Zornig wendet er sich um und brüllt den Mann an:

»Wie heißt als Jude? In zehn Minuten lass ich mir doch schmatten … Der Pope wartet – nebbich – schon eine Stund auf mich!«

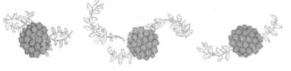

In Brody ist ein Missionar der englischen Bekehrungsgesellschaft eingetroffen und hat sich unter anderen auch mit dem völlig verarmten Efraim Quittschreiber in Verbindung gesetzt. Der weiß nun sehr wohl, dass dem bekehrten und zur Taufe bereiten Juden eine gewisse Geldsumme, eine Art Prämie, in Aussicht steht; er besucht nun den Missionar sehr häufig und dringt in ihn, den Unterricht abzukürzen und die Taufe möglichst schnell vorzunehmen.

Dieser allzugroße Eifer fällt dem Herrn denn doch auf, und eines Tages fragt er Quittschreiber, weshalb er es denn um Gottes willen gar so eilig habe?

»Warum ich's hab so eilig, mich schmatten zu lassen?«, ruft er. »Kunststück … nu, wegen Passah (jüdisches Osterfest).«

»Was hat denn die Taufe mit dem Passah der Juden zu tun, mein Sohn?«

»Was es hat zu tun? … Was es hat zu tun? … Ich brauch doch das Schmattgeld auf Mazzes …«

VON DEN FRAUEN
UND VON ALLERLEI
HEIRATSSACHEN

Im Talmud wird erzählt:

Zu Gamaliel, dem berühmten Rabbi zu Jerusalem, kam einst ein heidnischer Fürst und sprach mit ihm über den Gott der Juden.

Der Fürst sagte:

»Rabbi, ich habe begonnen, eure heiligen Bücher zu lesen, und ich habe daraus ersehen, dass euer Gott ein Dieb ist. Hat er nicht Adam, da dieser in tiefem Schlafe lag, überrascht und ihm eine Rippe genommen?«

In diesem Augenblick stürzt Rahel, des Rabbi Töchterlein, das an der Tür gelauscht hatte, in das Gemach, wirft sich dem Fürsten zu Füßen und ruft:

»Gerechtigkeit, mein Fürst, Vergeltung und Rache!«

»Wofür, meine Tochter? Was ist dir widerfahren?«

»Höre, mein Fürst«, sagte Rahel. »Ein Dieb hat sich heimlich ins Haus geschlichen. Er nahm mir meine silberne Trinkschale fort und ließ eine goldene an ihrer Stelle!«

»Nun«, meinte der Fürst lachend. »Diesen Dieb will ich loben. Es ist ein gar rechtschaffener Dieb. Möchten solche Diebstähle sich alle Tage ereignen!«

Da rief das Mädchen:

»Siehe, solch ein Dieb ist unser Gott. Er hat Adam ein Stück Fleisch genommen und hat ihm dafür eine Frau gegeben …«

»Weise gesprochen, meine Tochter«, wandte der Fürst ein, »aber bedenke: Diesen rechtschaffenen Diebstahl konnte euer Gott doch offen begehen und ohne Heimlichkeit, wie die Diebe tun.«

Da holte die Tochter Gamaliels ein Stück rohes Fleisch und begann vor den Augen des Fürsten eine Speise daraus zu bereiten. Sie klopfte und wendete es in ihren Händen, zerschnitt es, nahm die einzelnen Teile wieder auf, um sie nochmals zu bearbeiten, und kochte es schließlich. Dann reichte sie die Speise dem Fürsten.

Dieser aber sagte:

»Meine Liebe, ich seh, dass du mit dem Fleische verfahren bist, wie man mit Fleisch verfährt, das man zur Speise bereitet. Aber wenn ich mit eigenen Augen sehe, wie es in den Händen herumgeworfen wird, wie es geklopft, zerschnitten und mit Gewürz versehen wird, dann wird es mir zum Ekel.«

»Siehe«, erwiderte das Mädchen, »darum hat Gott dem Adam die Rippe heimlich genommen und heimlich die Frau gebildet.«

Weiter fragte der Fürst den weisen Rabbi:

»Wohl, sage mir, warum wurde nun die Frau aus einer Rippe geschaffen und nicht aus einem edleren Teile Adams?«

Sagte Gamaliel:

»Vom Kopfe … da wäre sie zu stolz geworden; vom Auge … zu buhlerisch; vom Ohr … zu neugierig; vom Mund … zu schwatzhaft; vom Herzen … zu schmachtend; von den Händen … zu geschäftig; von den Füßen ... zu beweglich. Von einem bescheidenen Teile Adams wurde sie geschaffen, und als Gott sie bildete, rief eine Stimme: ›Sei bescheiden, sei bescheiden!‹«

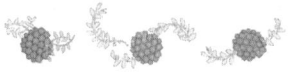

Die Frau eines Rabbi lebt mit ihrer Köchin in stetem Unfrieden. Es kommt gar zu oft zu Zank und Streit und zu derben Beschimpfungen. Zuweilen ist der Lärm so groß, dass die Leute vor dem Häuschen stehen bleiben und den hitzigen Wortwechsel mitanhören.

Der Rabbi, der unter diesen Zuständen sehr zu leiden hat – denn seine Schüler und seine Gemeinde spotten darüber –, spricht den feindlichen Parteien ins Gewissen und gibt ihnen schließlich folgenden Rat:

»Kinder, wenn ihr euch schon schimpfen wisst, so sollte es euch doch gleich sein, welche Worte ihr euch an den Kopf werft. Tut mir also den Gefallen und schreit euch, wenn ihr euch zankt, schreit euch anstatt der hässlichen Redensarten Segenswünsche zu. Ihr werdet schon sehn, wie das eure Gemüter beruhigen wird ...«

Frau und Köchin versprechen das feierlich.

Eine Stunde später sammeln sich die Leute vor dem Häuschen an, aus dem ein Höllenlärm kommt. Und sie sehen und hören Folgendes:

Die Frau des Rabbi steht, glührot im Gesicht und mit funkelnden Augen, der Köchin gegenüber und kreischt:

»Hundertundzwanzig Jahre sollst du leben und gesund sein, mein Herz, mein Liebling!«

Darauf die Köchin, die die Arme in die Seiten gestemmt hat und ihre Gegnerin mit zornigen Blicken durchbohrt:

»Und Ihr … Ihr sollt hunderttausend Freuden erleben an Euren Kindern und Kindeskindern!«

Die Rabbifrau mit allen Zeichen der Empörung:

»Du … du … dir soll das geschehn, mein Herzenskron … Dir, du gottgeliebtes Wesen …«

»Warum mir?«, brüllt die Köchin. »Euch … Euch! … Und es ist alles zu wenig … Bei Sarah und Rahel sollt Ihr sitzen im Paradies, Ihr Perle unter den Frauen …«

»Frauen«, ruft ihnen ein Mann zu, »und deshalb schreit ihr so?«

Darauf des Rabbi Frau in den höchsten Tönen:

»Unnützer Ihr! Was mengt Ihr Euch da ein? Wir wissen schon, wie es gemeint ist …«

Der Trauhimmel ist aufgestellt, der Rabbi, der Chason (Kantor) und der Schammes (Tempeldiener) warten bereits in der Synagoge. Aber die Hochzeitsgesellschaft will noch immer nicht erscheinen. Sollte der »Schidduch« (Heirat) noch so kurz vor der Trauung sich zerschlagen haben? Der erste Fall dieser Art wäre es nicht in dem gesegneten Städtchen Klobuschin in Posen.

Aber der Schidduch hat sich noch nicht zerschlagen, und es ist auch nicht anzunehmen, dass er sich zerschlägt, denn Braut und Bräutigam, Nettchen Nathansohn und Samuel Hopfenblum – dieser aus Bromberg – lieben sich. Lieben sich, wie es noch nicht dagewesen ist, wie es noch nicht erlebt wurde in Klobuschin. Lieben sich so, dass Hopfenblum, der ein Kaufmann ist und Geld braucht, sich, ohne auf den Protest seiner Verwandtschaft zu achten, noch einen Tag vor der Hochzeit bereit erklärt hat, Nettchen auch mit der Hälfte der ihm ursprünglich zugesagten Mitgift – nämlich mit 10 000 Mark – zu »nehmen«. Denn der alte Nathansohn hat ihm beteuert, dass er zurzeit nicht mehr geben könne, ohne in große Schwierigkeit zu geraten. Samuel Hopfenblum aber ist der Ansicht, dass eine Frau, die so schön und lieblich ist wie Nettchen Nathansohn, eine halbe Mitgift wert ist, denn er ist, wie gesagt, ganz unerhört verliebt in seine Braut.

Das möchte nun der alte Nathansohn gründlich ausnützen, und so beginnt er eine halbe Stunde vor der Trauung dem Bräutigam neue Vorschläge zu machen. Es sollen noch einige tausend Mark abgehandelt werden. Aber diesmal bleibt Hopfenblum fest, bleibt umso fester, als er von seiner Familie umgeben ist, die es als Ehrensache ansieht, sich von dem schlauen Nathansohn nicht übers Ohr hauen zu lassen. Dessen Unterhändler erscheint jeden Augenblick und schildert in immer eindringlicherer Weise, wie Fräulein Nettchen, die in ihrem Hochzeitsstaat wie ein Engel aussehe, sich die Augen rot weine und die Hände wund ringe über die Härte und Lieblosigkeit des Geliebten, der wegen 5000 Mark – Nathansohn wolle noch 1000, noch 1500, noch 2000 zulegen – die Trauung unmöglich machen wolle!!

Als dies alles nichts nützt, wird Nettchen, die man instruiert hat, wie sie mit Tränen und Trauer Hopfenblums Herz rühren könnte, zum Bräutigam geführt. Er soll sehen, welches Unglück er über das arme Kind bringen wolle.

Da sie nun einander gegenüberstehen, erhebt Nettchen Nathansohn ihre schönen Augen, lächelt Hopfenblum freundlich an und sagt:

»Sami, Sami … lass dir nich beschummeln!«

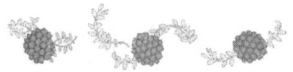

Schlemielche Frankental in Zerbst – er heißt natürlich nicht Schlemielche, wird aber wegen seiner Einfältigkeit allgemein so genannt – Schlemielche Frankental ist dreißig Jahre alt geworden, ohne es zu etwas anderm zu bringen als zu einem kleinen Kramladen, den er mehr schlecht als recht betreibt. Denn seine Kunden sind insgesamt schlauer als er, und jedes Kind legt den allzu Vertrauensseligen ohne Mühe hinein. Die Familie beschließt daher, Schlemielche zu verheiraten, damit eine Frau sich seiner annehme. Eines Tages heißt es denn auch, dass Frankental sich mit einem Mädchen in Köthen verlobt habe. Darob großes Erstaunen bei allen Bekannten. Man kann sich's gar nicht vorstellen, wie in aller Welt Schlemielche es angestellt haben könne, um sich zu verloben. Er wird darüber befragt und antwortet:

»Seh'n Se, es war ganz einfach. Ich hab gekriegt eine Depesche, ich soll kommen im schwarzen Anzug nach Köthen – –«

»Na … und dann?«, forscht man gespannt weiter.

»Nu, ganz einfach – – wie ich bin angekommen im schwarzen Anzug in Käthen, da war ich auch schon verlobt mit Röschen Löwenberg – –«

Simon Goldbaum in Ulm hat sich mit einem Mädchen aus Fürth verlobt. Seine Familie zieht Erkundigungen über die Braut ein, und da sie sehr ungünstig lauten, sucht sie den arg verliebten Simon zu überreden, das Verlöbnis wieder aufzuheben. Dagegen aber sträubt sich der junge Mann auf das Heftigste.

»Aber Simon!«, sagt ihm sein Vater. »Willste denn durchaus heiraten ein Mädchen, von der man sagt, dass ganz Fürth etwas gehabt hat mit ihr?!«

Darauf Simon:

»Ganz Fürth … wie groß ist schon Fürth?!«

Bei einer Hochzeitsfeier in Namslau in Schlesien »steigt« während der Tafel ein das Brautpaar verherrlichendes »Carmen«, in dem nach der flotten Melodie von »Ich bin ein Preuße« Folgendes gesungen wird:

»Die Mutter starb und wurde bald begraben,
Rosalie führt die Wirtschaft ganz allein,
Sie mühte sich vom Morgen bis zum Abend
Und war begossen ganz mit lauter ›Thein‹
(Anmut).«

Bei dieser selben Hochzeit lautete das erste Telegramm, das zur Verlesung gelangte:

»Dito Cohn-Gleiwitz.«

Es erregte begreifliches Kopfschütteln und wurde erst verstanden, als nach einigen weiteren Glückwunschdepeschen ein zweites »Dito Löwenthal-Landsberg« auftauchte.

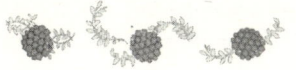

Auf dem Postamt zu Drillichau in Galizien erscheint Awrom Glücklicher, um ein Glückwunschtelegramm nach Teschen aufzugeben. Es hat folgenden Wortlaut:

»Ein donnerndes Hoch dem Brautpaar, den Brauteltern und den versammelten Gästen!«

Er überreicht das Papier dem Beamten und sagt:

»Herr Telegrafist, möchten Se das nich so telegrafieren, dass es sich reimt?«

Der Beamte, der Awrom als Schlemiel kennt, verspricht sein möglichstes, will aber von ihm wissen, ob er den Sinn der Depesche verstehe.

»Herr Awrom, was heißt das: ›ein donnerndes Hoch?‹ …«

»Was soll's heißen?«, antwortet Awrom verwundert. »Es heißt: Der Donner soll reinschlagen in die ganze Chassene (Hochzeit)!«

Zu einer silbernen Hochzeit traf in Berlin folgendes Kabeltelegramm aus New York ein:

»Goldene Grüße
Auf kupfernem Draht
Zur silbernen Hochzeit …«

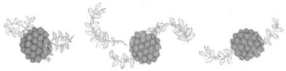

»Unter Eheirrung«, erklärte der Schadchen (Heiratsvermittler) Osias Seelenfreund in Tarnopol, »unter Eheirrung versteht man, wenn man sich in der Mitgift geirrt hat.«

Derselbe Osias Seelenfreund zeigt einem jungen Manne die Fotografie einer jungen Dame, die er ihm als Braut zugedacht hat.

Der Heiratskandidat betrachtet das Bild sehr eingehend und sagt dann:

»Was soll ich sagen? Schön seht se nich aus …«

»Aber ähnlich!«, meint Seelenfreund kaltblütig.

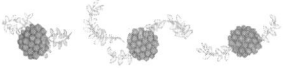

Dem reichen Hirsch Milchspeiser in Krakau wird vom Schadchen die »Schönheit von Tarnow«, Rebekka Goldblatt, zur Frau angetragen. Schon der Ruf der wunderbaren Anmut und Lieblichkeit, den die junge Dame genießt, schon dieser Ruf allein würde Milchspeiser zu der Heirat geneigt machen. Da wird ihm durch anonyme Briefe aus Tarnow hinterbracht, dass die schöne Rebekka einen Schönheitsfehler habe, den man ihm schändlicher Weise verheimliche: einen Leberfleck auf dem Rücken, einen Leberfleck in Form einer kleinen, greulichen Maus …

Milchspeiser wirft das dem Schadchen vor, und dieser schwört tausend und noch mehr Eide, dass an diesem Gerede unmöglich etwas Wahres sein könne; es handle sich lediglich um das Konkurrenzmanöver eines anderen Schadchens, der ihm – Hirsch Milchspeisers Schadchen – das Geschäft nicht gönne.

Aber Milchspeiser ist nun einmal misstrauisch geworden und lässt sich durch die schönsten Fotografien des Mädchens nicht mehr überzeugen. Er wolle – obgleich er wohl wisse, sagt er, dass seine Forderung unerhört sei – er wolle die Schönheit von Tarnow ohne jede Hülle sehn, ehe er sich entscheide. Wie Gott sie geschaffen – – so müsse sie ihm gezeigt werden, sonst wolle er von der ganzen Geschichte nichts mehr wissen.

Dem Schadchen bleibt nichts übrig, als schleunigst nach Tarnow zu fahren und den alten Goldblatt, den Vater des völlig ahnungslosen Mädchens, zu bearbeiten. Ihm vorzustellen, was auf dem Spiele stehe und dass – wie er doch wisse – selbst eine Königin (gemeint ist die Königin Vasthi im Buche »Esther«) die Gunst ihres Gemahls verloren habe, weil sie nicht unbekleidet vor ihm und seinen Gästen erscheinen wollte.

In dieser schwierigen Lage entschließt man sich, den Wunderrabbi von Sandez zu befragen, und dieser entscheidet, dass man auf das Verlangen des reichen Mannes aus Krakau unter einer Bedingung eingehen könne: Das Mädchen dürfe niemals erfahren, dass sie einer solchen Schmach ausgesetzt werde oder ausgesetzt gewesen sei.

Hiernach wird nun alles vorbereitet und Hirsch Milchspeiser Gelegenheit gegeben, einen Blick in das Zimmer zu werfen, in dem Rebekka ein Bad nehmen sollte.

Als Hirsch Milchspeiser das Haus verlässt, stürzt der Schadchen, der draußen gewartet hat, auf ihn zu.

»Nu, was is? Was is? Hat sie den Leberfleck?«

Und Hirsch Milchspeiser streng und kühl: »Den Leberfleck? Nein … Aber ihre Nase gefallt mir nicht …«

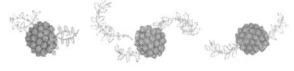

Ein Berliner Schriftsteller hat in Wiesbaden die Tochter eines Kaufmannes aus Tomascheff in Russisch-Polen kennengelernt und sie so liebgewonnen, dass er um ihre Hand anhalten will. Zu diesem Zweck unternimmt er eine Reise nach der Heimat der jungen Dame.

Kaum hat er eine Nacht in dem Hotel geschlafen, als sich am frühen Morgen ein Mann namens Gedalje Sodawasser bei ihm melden lässt.

»Was wünschen Sie?«

»Was soll ich wünschen? Ich bin der Schadchen (Heiratsvermittler) von Tomascheff.«

»Und was wollen Sie?«

»Was ich will? Was soll ich wollen? Schadchones (Lohn für Heiratsvermittlung) will ich.«

»Aber Mann, ich habe doch Ihre Dienste gar nicht in Anspruch genommen – – –«

»Nu, das schad’t nischt … Ich bin doch Gedalje Sodawasser, der Schadchen von Tomascheff … und ich leb von Schadchones …«

»Mensch, lassen Sie sich doch von den Leuten bezahlen, die Sie zusammenbringen … Wie in aller Welt komme ich dazu?«

»Spaß«, sagt Gedalje Sodawasser und lacht, »wie Sie dazu kommen … Wie sollen Sie dazu kommen?«

»Das möcht ich wirklich wissen«, meint der Schriftsteller belustigt.

»Wie heißt: Sie möchten? Sie werden wissen … Haben Se nicht gehört von Gedalje Sodawasser, was nebbich alle Partien vermasselt (zunichtemacht), wo er dabei zu tun hat?«

»Zustand von Schadchen!«, lacht der Berliner. »Aber bei meiner Verlobung haben Sie doch nichts zu tun gehabt …«

»Gott soll hüten … bei Ihre werte Verlobung mit dem wunderschönen Fräulein Isabella Davidovitsch hab ich nischt zu tun gehabt.«

»Na also, was wollen Sie?«

»Was ich will? Schadchones will ich!«

»Wofür denn?«

»Wofür? … Nu, für das, weil ich nischt hab zu tun gehabt dabei … Hätt ich dabei zu tun gehabt, Herr Doktor, ich sag Ihnen, ooßer wär geworden was aus Ihre Verlobung … Ich kenn mir doch …«

In einer kleinen Stadt in Posen hat der jugendliche Rabbi geheiratet, und die Mitglieder der Gemeinde beschenken ihn aus diesem Anlass.

Untereinander prahlen sie dann, wie reich und wertvoll ihre Spende gewesen ist.

»Ich hab ihm geschickt«, sagt Herr Sally Pinkus, »ein Kaffeeservice hab ich ihm geschickt für sechs Personen …«

»Zustand!«, meint Herr Isidor Kempner. »Zustand von einem Hochzeitsgeschenk! Ich hab ihm gegeben ein Teeservice für zwölf Personen …«

»Und ich«, ruft Herr Moritz Blumenschem, »ich hab ihm geschenkt einen silbernen Tee sei her für fünfundzwanzig Personen!«

Herrn Jacques Krojanker, der sich stets auf den Idealisten herausgespielt hat, macht ein Freund an der Börse Vorhaltungen:

»Also mit dem Fräulein Rosalie Korach hast du dich verlobt? Die hat doch 100 000 Mark Mitgift. Und du hast immer gesagt, dein Prinzip ist, dass du nur aus Liebe, dass du nicht mit Geld heiraten wirst – –«

Darauf Jacques Krojanker:

»Nu, hab ich Geld?«

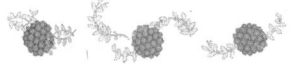

Samson Turteltaub soll nach dem Wunsch seiner Eltern die reiche Debora Luftschütz heiraten. Er lehnt es aber mit der Begründung ab, dass sie doch gar zu hässlich sei; so hässlich, dass er sich niemals entschließen könnte, sie zu küssen.

Sein Vater redet ihm eifrig zu:

»Seh, Samson, was liegt daran, dass sie ist mieß … Früh, wenn du gehst in dein Geschäft, ist doch noch finster … Soll se sein mieß, wie se will … Wenn du se nix sehst, kannste dir einreden, se ist schön. Und in der Nacht, wenn du kommst aus'm Geschäft nach Haus, ist doch wieder finster … Verstehste? … Kannste dir wieder einreden, dass sie ist eine Schönheit … Du sehst se nicht und kannst se küssen, wie viel du willst – – –«

Darauf Samson:

»Nu … und am Schabbes?«

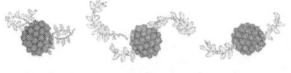

Dem Herrn Leonor Josua, einem auch als flotten Lebemann bekannten großstädtischen Industriellen, war nach fast zwanzigjähriger Ehe die Frau gestorben. Die Trauerfeier wird in großartigem Maßstabe veranstaltet. Die Halle auf dem Friedhof ist mit den erlesensten Palmen geschmückt, die Stühle für die geladenen Gäste sind, damit diese in dem Gedränge ihren Platz finden, mit Nummern versehen, die besten Sänger bestellt, und die ersten Prediger sprechen an dem mit den teuersten und kostbarsten Blumen bedeckten Sarge. Sprechen davon, was die Verstorbene dem gramgebeugten Gatten gewesen, wie sie sein ganzes Sein, sein ganzes Denken erfüllt, und welche Lücke sie nun, da sie von ihm gegangen, in seinem Herzen zurückgelassen habe … Kurz, die Dahingeschiedene selbst wäre – wenn sie, wie man zu sagen pflegt, die Pracht hätte miterleben können – außerordentlich zufrieden gewesen.

Nachdem Herr Leonor Josua sich überzeugt hatte, dass alles in Ordnung sei und unter den Anwesenden sich auch tatsächlich die prominenten Leute befänden, auf deren Erscheinen er besonderes Gewicht legt, weil es ihm besonders schmeichelt, gibt er sich dem Schmerze hin. Einem Schmerze, der jeden erschüttern muss, der dem gebrochenen Witwer einen teilnahmsvollen Blick zuwirft – – –

Der Sarg ist der Erde übergeben, die Schlussandacht beendet, der letzte Beileidshändedruck getauscht. Auf den Arm seines besten Freundes gestützt, wankt Herr Leonor Josua zu dem Trauerauto, das ihn hierhergebracht. Als er das Gefährt besteigt, richtet er noch einen Blick auf das Friedhofstor, seufzt tief auf und spricht:

»Die arme Sarah … Die arme Sarah … Ich kann sie noch immer nicht vergessen …«

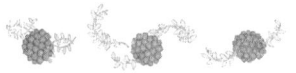

Mendel Schnupftabak, der Schneider, lebt mit seiner Schwiegermutter in stetem Unfrieden. Die Frau ist zanksüchtig und rechthaberisch über die Maßen, und hätte Mendel als gute Wehr seinen Witz nicht, so wäre er ganz verloren.

»Ja«, schreit sie nach einem Streite, »jetzt missachtest du mich, jetzt bin ich dir nischt … Aber warte nur, wenn ich tot bin … wenn ich da draußen liegen werd in meinem Grab … Ich sag dir, rauskratzen wirste mir wollen aus der Erd – – – rauskratzen – – –«

Darauf Mendel:

»Oi … oi … wie kratzt man schon!«

Ihr bevorstehender Tod – das ist ihre stärkste Drohung für Mendel Schnupftabak. Jede Sturmszene im Hause des Schneiders schließt ein für allemal mit der unter einer Flut von Tränen abgegebenen Erklärung der Schwiegermutter, dass sie demnächst sterben werde.

Als das wieder einmal geschieht, zuckt Mendel Schnupftabak die Achseln und meint:

»Macht Euch nicht groß, Schwieger … Wenn Ihr wissen wollt, wann Ihr werd't sterben, müsst Ihr mich fragen … Ich weiß schon, wann Ihr werdet sterben – – – –«

»Nu, du Unnützer, sag – – du Marschalik (Lustigmacher), sag doch, wann ich werd sterben?«

Der Schneider denkt ein Weilchen nach.

»Ihr werd't sterben – – es wird sein – – an Crew Jontef (Vorabend eines Feiertages) wird es sein, Schwieger, dass ihr werd't sterben – –«

»Du Schalksnarr, wieso weißt du, dass es wird sein an Erew Jontef?«

»Nu«, gibt Mendele zur Antwort und zieht sich vorsichtig zurück, »weil es wird sein ein Tag nach eurem Tod für mich Jontef …«

Als Mendele in Gegenwart seiner Schwiegermutter von einem Kunden, dem das schlechte Verhältnis zwischen den beiden wie aller Welt wohl bekannt war, gefragt wird, wie sie sich jetzt vertrügen, gibt er zur Antwort:

»Spaß … ich sag Ihnen, hier im Haus geht jetzt alles nach mein Kopf.«

Da fährt die Alte auf:

»Haha … nach sein Kopf! Nischt hat er zu sagen und prahlt, 's geht nach sein Kopf – –«

»Wieso … prahlt?«, fällt ihr Mendele ins Wort. »Ich schwör Ihnen, alle Töpf, alle Schüssel, alle Teller geh'n hier nach mein Kopf …«

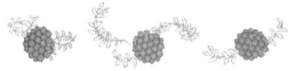

Einen tiefen Blick in die empfindsame Seele seiner altjüngferlichen Tante hat der kleine Sally Rosenstein getan.

»Was macht die Tante Rosalie?«, wird er gefragt.

»Die Tante Rosalie sitzt auf'm Sofa«, gibt er prompt zur Antwort.

»Nu … und was macht sie sonst?«

Darauf Sally:

»Was soll sie machen? … Sie nimmt übel.«

Gedalje Unterfutter in Krakau hat eine Frau, die ihm das Leben sehr sauer macht. Sie schilt und wettert den ganzen Tag über alles und jeden, der ihren Weg kreuzt. Als sie wieder einmal ihren Jungen durchgeprügelt und ihren Mann gründlich zusammengeschimpft hat, sagt dieser traurig zu dem Knaben:

»Oi, oi, Moritzche, wie glücklich hätten wir zwei beide können leben, wenn ich nicht hätt geheiratet deine Mutter …«

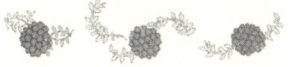

Das Schlemielche eines gewissen galizischen Städtchens ist ein guter, sanfter Junge. Er liebt alle Menschen, am meisten aber seine junge Frau, die ihn gleich einer Mutter betreut. Auf sie kann er sogar recht eifersüchtig sein.

Eines Tages muss Schlemielche in Geschäften auf die Dörfer; als er sich von seinem Frauchen verabschiedet, wird er traurig und fragt:

»Wirste auch an mir denken, Liebele?«

»Gewiss werd ich an dir denken.«

»Wie werd ich aber wissen, dass du denkst an mir?«

»Gott«, meint die Frau und lächelt, »immer wenn du niesest, wird das sein ein Zeichen, dass ich denk an dir.«

Sehr zufrieden verlässt Schlemielche sein Haus. Kaum hat er die Landstraße erreicht, begegnet er dem Basssänger der Synagoge. Als er ihn begrüßt, geschieht es, dass der Sänger heftig niest.

Da bekommt Schlemielche einen roten Kopf und murrt, von Eifersucht gepackt, in sich hinein:

»Kaum bin ich weg, denkt se schon an den Bass …«

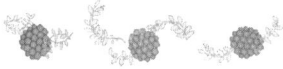

Jede jüdische Frau hat nach einem Berliner Wort:

1. den besten Mann;
2. die schönsten Kinder;
3. ein Zimmer zu wenig und
4. … nichts anzuziehen.

VON KAUFHERREN
UND HANDELSLEUTEN

In einem sehr bekannten Berliner Kaufhause besteht die Einrichtung, dass die Angestellten, die zu spät gekommen sind, ihre Namen in ein Buch eintragen und dazu den Grund der Versäumnis. Die jungen Leute handhaben das in der Regel so, dass sie unter die Entschuldigung des Vormannes, die in den allerseltensten Fällen anders lautet als: »Verkehrsstörung« einfach ein »dito« schreiben, was wohl in manchen Fällen stimmen dürfte. Das Verspätungsbuch wird dann dem Chef vorgelegt, in dem sich im Laufe der Jahre der Gedanke festgesetzt haben muss, dass die Stadt- und Straßenbahnen Berlins in den Morgenstunden sehr unregelmäßig verkehren.

Aber eines Tages ist das ganz anders. Der Chef, ein alter, jovialer Herr, hat etwas Seltsames in dem Buche entdeckt, und er lässt den ersten Buchhalter sowie acht junge Leute, darunter zwei Lehrlinge, zu sich ins Privatkontor rufen, jene eben, die zu spät gekommen waren.

Als sie vor ihm stehen, geht er zuerst auf den Buchhalter zu, reicht ihm die Hand und sagt herzlich: »Herr Kohn, ich gratuliere Ihnen herzlich. Sie sollen aus dem Anlass eine Gehaltserhöhung kriegen.«

Kohn bedankt sich sehr erfreut. »Und Ihnen, meine Herren«, fährt der Prinzipal fort, »gratuliere ich auch. Aber ich sage Ihnen, Herr Kornfeld, und Ihnen, Herr Schapiro, und Ihnen, Herr Levysohn, und Ihnen, Herr Meyer, und euch, ihr verflixten Lausejungen (dies zu den Lehrlingen), wenn das noch einmal vorkommt, seid ihr alle miteinander entlassen ...«

Die jungen Leute stehen verblüfft da und wissen nicht, was sie mit diesem unerwarteten Donnerwetter anfangen sollen. Endlich fasst sich Herr Kornfeld ein Herz und fragt:

»Aber Herr Prinzipal, um Gottes willen! Was haben wir denn getan?«

»Was ihr getan habt?! Da … seht her!«

Und er schiebt ihnen das Verspätungsbuch zu. Darin ist zu lesen:

Kohn . . . . weil seine Frau mit
                Zwillingen nieder-
                gekommen ist.
Kornfeld . . . . . dito
Schapiro . . . . . dito
Levysohn . . . . dito
Meyer . . . . dito

bis hinunter zum jüngsten Stift.

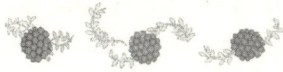

Zu einem bekannten Bankier kommt ein ansehnlicher Herr, der sich mit den Worten einführt:

»Ich bin der Kommerzienrat Kohn.«

Der Bankier, der gerade eine dringende Arbeit zu erledigen hat, wendet den Kopf und sagt:

»Bitte, nehmen Sie einen Stuhl.«

Der Besucher setzt sich und wartet eine Weile.

Der Bankier, in seine Berechnungen vertieft, hat den Gast anscheinend vergessen. Dieser fühlt sich dadurch verletzt und ruft etwas gereizt:

»Ich bin der Geheime Kommerzienrat Kohn.«

Der Bankier wendet den Kopf zurück, sieht Herrn Kohn zerstreut an und erwidert:

»Schön … nehmen sie noch einen Stuhl …«

Dem Bankier Meyersohn ist hinterbracht worden, dass sein Kassierer Blumenfeld die Rennen besucht und einer der eifrigsten Kunden des Totalisators ist. Das gefällt ihm natürlich nicht, und er macht Blumenfeld Vorwürfe wegen seiner Spielleidenschaft. Zugleich kündigt er ihm für den folgenden Tag eine Revision der Kasse an.

Hierbei ergibt sich, dass alles in schönster Ordnung ist.

Schmunzelnd macht Meyersohn dem Kassierer einige Komplimente, ruft dann einen fremden, jungen Mann heran und sagt:

»Herr Blumenfeld, ich stell Ihnen hier Herrn Kohnstädt, Ihren Nachfolger, vor. Sie kann ich als Kassierer nicht brauchen!«

»Nachfolger?«, fährt Blumenfeld auf. »Meinen Nachfolger? Mich können Sie als Kassierer nicht brauchen? Auf einmal! Wo Sie eben sich überzeugt haben, dass die Kasse stimmt!«

»Nu«, meint Meyersohn ruhig, »soll ich vielleicht warten, bis sie nicht stimmt?«

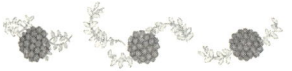

Zu dem berühmten Berliner Bankier Bleichröder kam ein Mann, der einen Teil des großen Loses gewonnen hatte, und fragte ihn um Rat, was er mit dem Gelde anfangen solle?

Der alte Herr antwortete:

»Nu, Herr Kohn, sagen Se mir erst das eine: Wollen Se gut essen oder wollen Se gut schlafen?«

Am Sylvestertage, an dem die Berliner Bankhäuser etwas früher zu schließen pflegten, bemerkte Bleichröder um die vierte Nachmittagstunde, dass in den Geschäftsbüros eine gewisse Unruhe herrschte. Die Herren gaben auf die mannigfachste Art zu erkennen, dass sie den Schluss des Arbeitstages erwarteten.

Eine Weile lang hörte Bleichröder das Gemurmel, das Bücherzuschlagen usw. ruhig an. Schließlich rief er:

»Meine Herren, geben Se sich keine Mühe. Bei mir fangt's Jahr an, wann ich will …«

Einem Schnorrer aus Krakau, der sehr würdevoll aufzutreten wusste, gelang es, von Bleichröder empfangen zu werden.

Der alte Herr, der in seinem Besucher einen gelehrten Rabbi vermutete, ließ sich mit ihm in ein Gespräch ein und merkte bald, mit wem er es zu tun habe.

Der Fremde sagte:

»Herr Baron, die Doktoren haben gesagt, dass ich muss wegen meine Gesundheit nach Karlsbad − −«

Bleichröder fiel ihm zornig ins Wort:

»Und Sie glauben, der Weg von Krakau nach Karlsbad führt durch mein Zimmer …?!«

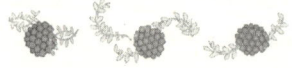

Ein Großkaufmann in Hamburg wird von einem Geschäftsfreunde ersucht, sich seines Sohnes anzunehmen und diesem eine Stellung zu verschaffen. Er verspricht, sein möglichstes zu tun, lässt sich den jungen Mann kommen und beschäftigt ihn zunächst in seinen Büros.

Nach einer Woche kennt er den Jüngling genugsam, um sich zu folgendem Billet an den Geschäftsfreund für berechtigt zu halten:

»Es tut mir leid, lieber Herr Meier, aber mit Ihrem Harry will es nicht werden. Er ist ein guter, braver Junge, aber unter uns gesagt, ein bisschen dumm …«

Umgehend läuft die Antwort ein:

»Wenn der Junge auch ein bisschen dumm ist, mit einem bisschen Wohlwollen werden Sie ihn schon weiterbringen …«

Darauf geht an Herrn Meier folgendes Telegramm ab:

»Tut mir leid, so viel Wohlwollen gibt es gar nicht …«

Es war zu Beginn der siebziger Jahre, als der Kommerzientrat Krotoschiner aus Schrimm nach Berlin kam, um am Ordensfeste im Königlichen Schlosse teilzunehmen. Es war ihm der Kronenorden verliehen worden.

Als er wieder zu Hause ist, erzählt er von den Ehrungen, die er in der Reichshauptstadt erfahren hat:

»Ich sag euch, wie ich wieder aus dem Schlosse rauskomme und Unter den Linden bin und mit meinem Orden so dahingehe – denn den Pelz hab ich natürlich nicht geschlossen –, stolz und glücklich, komm ich auch an der Neuen Wache vorüber. Und was soll ich sagen! Kaum sieht mich der Posten, ruft er »Gewehr raus!« Und die Soldaten kommen aus der Wache rausgestürzt und – ich war ganz starr – präsentieren richtig vor mir, präsentieren das Gewehr, bis ich vorbei bin – – –«

»Aber Onkel«, sagt ein Neffe des Kommerzienrats lachend. »Das kann doch nicht stimmen …«

»Nicht stimmen? Wie heißt?«, ruft Krotoschiner erregt. »Du brauchst nur den alten General Wrangel zu fragen, der ist auch gerade vorbeigegangen an der Wache und hat alles gesehn …«

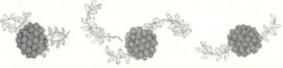

»Nu, was sagen Sie zu Ihrem Herrn Bruder?«, wird Herr Laban an der Stuttgarter Börse gefragt. »Da hab ich gelesen, dass Seine Majestät hat geruht, ihn zum Kommerzienrat zu ernennen …«

»Wie heißt … Seine Majestät hat geruht?!«, entgegnet Herr Laban … »Mein Bruder hat nicht geruht …«

Beim Bankier Abarbanell findet ein Ball statt. Die Geschäftsfreunde mit ihren Familien sind zu Gast gebeten und neben ihnen auch die besseren Angestellten des Hauses.

Herr Abarbanell trifft einen dieser Herren, den Buchhalter Bär, zum dritten Mal im Büfettzimmer an, und jedes Mal überrascht er ihn dabei, wie er »Gefrorenes« löffelt.

Freundlich lächelnd legt Abarbanell seinem Angestellten die Hand auf die Schulter und sagt:

»Herr Bär ... ich hab Sie nicht eingeladen als Eisbär ... ich hab Sie eingeladen als Tanzbär!«

Markuse ist Vorreiter beim Pferdehändler Glückstal. Kaum hat er seine Stellung angetreten, wird er auf den Hof gerufen, und Glückstal fordert ihn auf, eines der Pferde, die gesattelt dastehn, vorzureiten. Markuse, der den Stall seines Herrn noch nicht kennt, gerät in Verlegenheit. Er sieht erst Glückstal, dann den fremden Herrn an, der neben den Pferden steht, und flüstert schließlich seinem Chef zu:

»Herr Glückstal, soll ich vorreiten zum Kaufen oder soll ich vorreiten zum Verkaufen?«

»Drei Jahre bin ich nu in Ihrem Geschäft«, sagt der junge Buchhalter Leopold Kohn zu seinem Chef, Herrn Wassertrilling, »und ich habe, ohne mir zu schmeicheln, zu Ihrer Zufriedenheit gearbeitet. Könnten Sie mir nicht mein Gehalt aufbessern?«

»Nu … wie viel haben Se jetzt?«, fragt Herr Wassertrilling wohlwollend.

»Neunzig Kronen.«

»Neunzig Kronen?!«, fährt der Chef auf. »Und da haben Se nich genug? Für das Geld könn Se doch ganz schön leben!«

»Ja, Herr Wassertrilling«, meint Kohn niedergeschlagen, »zum Essen reicht es ja, aber wenn ich mir einmal ein Vergnügen gönnen will – –«

»Vergnügen?«, fällt ihm Wassertrilling entrüstet ins Wort. »Vergnügen?! Ich will Ihnen was sagen, Kohn. Essen Se drei Täg nischt, sollen Se sehn, was Se werden haben am vierten Tag für ein Vergnügen …«

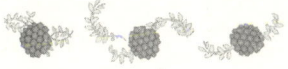

In Prag lebte und lebt vielleicht noch ein Hausierer namens Friedländer, der in allen Kreisen der Bevölkerung sehr beliebt ist. Dazu mag sein schlagfertiger Witz beitragen; in der Hauptsache aber hat diese seine Beliebtheit darin ihren Grund, dass der alte Mann, der allabendlich mit seinem Warenkasten die besseren deutschen Restaurants aufsucht, gegen eine Neckerei nicht allzu empfindlich ist und auf einen Scherz mit gutem Humor eingeht, wenn man ihm dabei ein paar Hosenträger, eine Krawatte oder ein Federmesser abkauft. Besonders die Offiziere der Garnison, die seine besten Kunden sind, lieben es, sich mit ihm zu unterhalten und ihre Späßchen mit ihm zu treiben. Das lässt er sich bis zu einer gewissen Grenze gefallen, darüber hinaus jedoch nicht.

Das musste eines Abends ein junger Leutnant zu seinem Schaden erfahren. Er verhandelte mit Friedländer wegen eines Portemonnaies und bot die Hälfte dessen, was der Hausierer als Preis verlangt hatte. Das kränkt den alten Mann, und er sagt:

»Ich geb Ihnen mein Ehrenwort, Herr Leitnant, dass es mich selbst mehr kostet.«

»Ehrenwort?«, lacht der Offizier auf. »Haben Sie denn ein Ehrenwort, Friedländer?«

»Ob ich hab ein Ehrenwort?«, erwidert der Hausierer ruhig. »Gewiss hab ich ein Ehrenwort, Herr Leitnant.«

»Möcht nur wissen, woher Sie das haben!«, ruft der junge Mann unter dem Lachen seiner Kameraden.

»Woher? … Spaß! Nu, ich hab einmal … vor vier, fünf Jahr … einen Leitnant geborgt 300 Gulden … und er hat mir gegeben sein Ehrenwort, dass er mir wird zurückgeben das Geld in vierzehn Tag …«

Er macht eine Pause.

»Und was weiter?«, fährt ihn der Offizier an.

»Was soll sein weiter? … Und das Ehrenwort hab ich heut noch, Herr Leitnant.«

Der Kleiderhändler Pflaumbaum in Bromberg will eines Sonnabends in die Synagoge gehn und betraut seinen sechzehnjährigen Sohn Siegfried mit seiner Vertretung im Geschäft. Er belehrt ihn vorher:

»Kommt einer und will was kaufen, so kuckste auf den Zettel, was bei jedem Stück ist angeheftet. Auf die

Zettel hab ich gemacht Pünktchens. Die Pünktchens zählste zusammen. So viel Pünktchens so viel Mark, verstehste?«

»Ich versteh!«

»Ooßer verstehste! Nischt verstehste … Die Pünktchens zählste zusammen. Sind da drei Pünktchens, so verlangste von dem Kunden sieben Mark … Sind da sechs Pünktchens, so verlangste elf Mark … Nu pass auf! Will der Kunde gehn, weil die Ware ihm ist zu teuer, so gehste langsam runter mit dem Preis … Wenn's geht, nimmste ein, zwei, drei Mark mehr als Pünktchens da sind … Geht's nicht anders, so gibste die Ware weg für soviel Mark wie Pünktchens da sind … Gibt er auch das nicht, so kannste den Kunden gehn lassen. Haste jetzt verstanden?«

»Ich hab verstanden.«

Als Pflaumbaum aus der Synagoge wiederkommt, ist seine erste Frage, ob etwas verkauft worden sei. Das ist der Fall gewesen. Siegfried hat einen Winterrock losgeschlagen.

»Was haste bekommen für den Winterrock?«, fragt Pflaumenbaum.

»Ich hab bekommen 31 Mark … 31 Mark hab ich bekommen«, gibt der Sohn zur Antwort.

»Was? 31 Mark?!«, schreit der Vater erstaunt. »Das ist doch nicht möglich! Ich hab doch gar keine Winterröck zu dem Preis … Nicht 'n einzigen … Der beste kost 17 Mark …. Wie kommste auf 31, Siegfried?«

»Wie ich komm auf 31 Mark, Vater? Hat doch der Zettel gehabt 31 Pünktchens!«

»Nich möglich! Zeig doch mal her den Zettel.«

Dann betrachtet er das Blättchen und beginnt die Punkte zu zählen. Plötzlich geht ein breites Schmunzeln über seine Züge, und er ruft:

»Gebenschte (gesegnete) Fliegen!«

»Gott, mein lieber Herr Kirschkern, wo haben Sie so lange gesteckt?«, fragt Kohn, als der seinen Bekannten vor der Börse trifft.

»Wo soll ich gesteckt haben? Ich bin doch sechs Monate schwer krank gewesen, Herr Kohn.«

Darauf Kohn:

»Nu, haben Sie nicht können Berufung einlegen?«

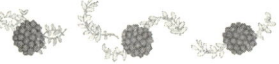

»Was? Einen Betrüger nennen Sie mich?«, ruft Meierstein einem Manne zu, mit dem er einen Streit hat. »Sie? Mich? Einen Betrüger? … Haben Sie denn schon mal bei mir gekauft?« …

Ein Dessauer Kaufmann erkundigt sich bei einem Getreidehändler in Köthen nach einem Buchhalter, der bei ihm Stellung sucht:

Der Köthener gibt folgende Auskunft:

»Angefragter ist zu nichts zu gebrauchen und zu allem fähig.«

Der als arger Dieb bekannte Jainkel Diamant findet einen Beutel, der vierhundert Gulden enthält. Er begibt sich damit zu dem Verlierer und liefert den Fund ab.

Kaum hat er die Wohnung des durch Jainkels unerwartete Ehrlichkeit höchst erstaunten Mannes verlassen, als dieser die Entdeckung macht, dass seine silberne Taschenuhr verschwunden ist. Nur Jainkel Diamant kann sie genommen haben, derselbe Jainkel, der eben die vierhundert Gulden abgeliefert hat.

Der Mann läuft dem Spitzbuben nach, holt ihn ein und bringt ihn in sein Haus zurück, wo er ihm die Uhr wieder abnimmt.

»Jainkel«, sagt er, »ich versteh dir nich … Du find'st vierhundert Gulden … Schön … Man weiß, dass du bist ein Ganeff (Dieb) … Aber nein, die vierhundert Gulden bringst du mir wieder … Auch schön … Und dann stiehlste die Uhr da, was ist noch nicht wert zehn Gulden …«

Darauf Jainkel Diamant:

»Ich werd Euch was sagen … Gefundenes wiederbringen: Das ist eine Mizwe (Gott wohlgefällige Tat), aber Stehlen: Das ist doch mein Geschäft …«

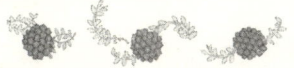

Jonas Schönwert ist ein braver, ehrlicher Mensch, aber als Geschäftsmann hat er eine unglückliche Hand und geht immer wieder zugrunde. Indes, immer wieder hilft ihm der reiche Bankier Mosenthal, der ihn wegen seiner Rechtschaffenheit hochschätzt, aus der Not und schafft ihm eine neue Möglichkeit, sich wieder empor-zuarbeiten.

Endlich verliert er doch die Geduld.

»Lieber Herr Schönwert«, sagt er freundlich, »Sie sehen doch, es will nicht geh'n mit Ihren Geschäften. Geben Sie doch das Handeln auf. Was brauchen Sie zu handeln? Ich möchte Ihnen diesmal anders helfen und besser … Ich will Ihnen geben – so lange ich lebe – je-den Monat hundert Mark. Davon können Sie doch bei Ihren bescheidenen Ansprüchen – – –«

»Ja, ja«, unterbricht ihn Schönwert traurig, »so lan-ge Sie leben, Herr Geheimrat … so lange Sie leben …«

»Ja, was gefällt Ihnen dabei nicht?«

»Nu, Herr Geheimrat«, erwidert der arme Mann verlegen, »ich gönn Ihnen doch gewiss alles Gute … Und ich möcht mir natürlich sehr freuen, aber – –«

»Nun, was aber?«

» … aber bei Ihrem Massel (Glück), Herr Geheim-rat, sterben Se vielleicht schon morgen.«

VON PHILOSOPHEN
UND ANDEREN KÄUZEN

Schamschel Sauerfisch in Brody gehört zur Klasse der Philosophen, die immer »klären«, d. h. nachsinnen, um sich die Erscheinungen dieser Welt klarzumachen. Das ist ihm in der Talmudschule, wo er gerade keine Leuchte gewesen ist, beigebracht worden als Anfang aller Weisheit: Klären, immer klären; über alles nachdenken, alles zu ergründen suchen, was rätselhaft scheint, das Höchste und das Tiefste, das Größte und das Kleinste …

Und das tut er auch, so gut er's kann.

Eines Winterabends liegt sein Vater, müde vom Tagewerk, auf der Ofenbank. Schamschel sieht ihn immerzu an, und in seinem Gesicht steht geschrieben, dass er über ein tiefes, ein unergründliches Problem nachdenkt.

Eine Weile lang beobachtet ihn der alte Sauerfisch fast ehrfürchtig, dann fragt er:

»Schamschel, mein Sohn, was klärste so scharf?«

Schamschel erwacht wie aus einem Traume und sagt:

»Was soll ich klären? Ich klär über eine Kasche (Problem) …«

»Was ist das für eine Kasche?«

»Ich klär … warum liegt mein Vatter auf der Bank … und warum liegt der Hund unter der Bank?«

Schamschel wandert durch ein Dorf. Auf der Wiese sieht er eine Kuh. Sie ist an einen Pflock gebunden und müht sich, davon loszukommen. Das interessiert den weichherzigen Philosophen, und er fängt an, zu klären:

»Sie sagen, Gott ist weise … Nu, ist Gott weise? … Wieso ist Gott weise? … Ist es weise, zu schaffen eine Kuh, was man kann anbinden mit einem Strick? Was hat die Kuh davon? … Sie kränkt sich und sie quält sich … Warum kann eine Kuh nicht fliegen wie der Vogel dort? … Möcht ihr nicht sein besser, wenn sie möcht fliegen? …«

Indem er so klärt und immer tiefer sich einspinnt in sein Denken, fliegt eine Schwalbe über ihn weg, und aus der Luft fällt ein feuchtes Klümpchen und Schamschel gerade auf die Nase. Da ruft er:

»Gott … Sie haben wirklich recht: Du bist weise … Gott behüte, dass eine Kuh sollte können fliegen wie ein Vogel …«

Schamschel besucht einen Schwerkranken und versucht, ihn zu trösten. Er spricht mit ihm vom Glück dieses und jenes Lebens, aber der mürrische Kranke meint:

»Glück … was ist Glück? Glücklich ist nur der Mensch, was gar nicht wird geboren.«

»Spaß«, meint Schamschel, »das ist ein Glück, was unter hundert Menschen höchstens einer erlebt zu erleben …«

Einhundertundvier Jahre war Schimmelche (Simon) Katz in Drillichau alt, als er sich hinlegte, um still hinüberzuschlummern.

Ganz klein und mager war er geworden, aber noch einen Tag vor seinem Tode machte er, der nie krank gewesen, seinen Spaziergang und unterhielt sich, soweit seine Schwerhörigkeit dies eben zuließ, mit den Leuten, die er alle duzte, wie er sie auch – mochten sie nun sechs oder sechzig Jahre alt sein – »Kinder« nannte.

Kurze Zeit vor seinem Tode wurde er von einem Herrn, der aus der Fremde gekommen war, um seine Heimat wieder zu besuchen, gefragt:

»Nun, Schimmelche, wie alt mögt Ihr wohl sein?«

»He?«, machte der Greis und strich seinen langen schneeweißen Bart.

»Wie alt Ihr sein mögt, Schimmelche?«, schrie ihm der andere ins Ohr.

»Nu«, kicherte er, »wie alt soll ich sein mögen? Ja, ja … Mögen möcht ich alt sein … achtzehn Jahr …«

»Aber, Schimmelche, ich mein doch, wie alt dass Ihr jetzt seid?«

»He?«

»Wie alt dass Ihr heute seid?«

»Nu, wie alt soll ich sein? Ich bin … bis hundert … bin ich alt vierunddreißig Jahr …«

»Aber Schimmelche … vierunddreißig …?«

»Nu, was willste, Kind, was willste? … Die ersten siebzig rechn' ich doch nicht …«

Salmche Herzklopp, wegen seiner Lust an Sinnieren und Spintisieren »der Klärer« genannt, gelingt es eines Morgens, einen Floh in seinem Bette zu erhaschen. Das Insekt vorsichtig zwischen den Fingerspitzen haltend, setzt er sich auf und beginnt über den Fall nachzudenken. Schließlich sagt er:

»Floh ... Floh, ich versteh dir nich ... Biste gesund, was willste im Bett? ... Biste krank, was huppste? ...«

Nathan Perlstrauß aus Brody lernt in Karlsbad, wo er die Kur gebraucht, Herrn Gelbfisch aus Posen kennen. Sie befreunden sich, trinken zu gleicher Zeit ihren Brunnen und machen gemeinsam ihre Spaziergänge. Da beide in den jüdischen Wissenschaften wohlunterrichtet sind, debattieren sie eifrig und klug über Gott und die Welt, wobei sich bald herausstellt, dass Nathan Perlstrauß aus Brody ein arger Zweifler, sozusagen ein Atheist ist. Das ist Herrn Gelbfisch aus Posen, der sich trotz seiner deutschen Bildung »zu einer solchen Höhe der Weltanschauung noch nicht durchgerungen hat«, sehr schmerzlich, und er bemüht sich, den »Pollacken« auf den rechten Weg zurückzuführen.

Die Mühe scheint zunächst umsonst. Perlstrauß mag die Gründe des Deutschen nicht gelten lassen und hat für dessen Eifer nur allerlei spitze Ironien und das Lächeln des Skeptikers.

Eines Sonnabends aber, da sie wie sonst ihre Waldpromenade machen, hört Perlstrauß Herrn Gelbfisch ruhig zu. Er unterbricht ihn nicht, macht keine Ge-

genbemerkungen und keine Witze, sondern nickt zu den Worten des Deutschen, der nun, immer mehr im Zuge, vom Dasein Gottes wie ein richtiger Rabbi predigt, im Herzen tief erfreut darüber, mit welcher Andacht der Pole ihm lauscht.

Umso erstaunter ist er, als ihm Perlstrauß am nächsten Tage, da sie wiederum spazieren gehen, aufs Heftigste zu widersprechen beginnt.

Er ruft ihm zornig zu:

»Mensch, wie soll ich das verstehen? Entweder man glaubt an Gott oder man glaubt nicht an Gott … Schön, das lass ich noch gelten … Aber Sie … Heute lästern Sie Gott, wie Sie ihn vorgestern gelästert haben … Warum haben Sie ihn denn nicht auch gestern gelästert?«

Da richtet sich Nathan Perlstrauß auf und fragt in größter Verwunderung:

»Gestern … am Schabbes?!«

Efraim Pinkussohn aus Pinne ist in Berlin ein ganz feiner junger Mann geworden. Wenn sein Geist auch nicht auf der »Weltstadthöhe« seiner Kollegen steht – er ist Verkäufer in einem Kaufhause – so hat er sich doch die Manieren der eleganten Kommis angewöhnt; ja, er putzt sich sogar die Zähne.

Als er eines Nachts gegen zwölf Uhr von einem Vergnügen heimgeht, erinnert er sich, dass er kein Zahnpulver zu Hause hat. Da er neben einer Apotheke wohnt, entschließt er sich, dort die Nachtglocke zu ziehen.

Nach einigen Minuten öffnet sich das Türchen in der heruntergelassenen Ladenjalousie, und in der Öffnung erscheint das verschlafene Gesicht des Apothekers.

»Was wünschen Sie?«

»Ich möcht haben für zehn Fennig Zahnpulver«, sagt Efraim Pinkussohn.

»Was?«, schreit der Apotheker wütend. »Zahnpulver? Und deshalb wecken Sie mich? Mensch, damit hätten Sie auch bis morgen früh warten können!!«

Efraim starrt den entrüsteten Mann ein Weilchen erstaunt an, entfernt sich schnell und ruft zurück:

»Wahrhaftjen Gott … Da haben Se wirklich recht!«

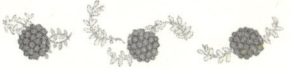

Moritz Hopfenblum aus Posen ist ein sehr nervöser Herr. Eines Abends trifft er in einer kleinen Stadt ein, wo er am nächsten Tage einen gerichtlichen Termin wahrzunehmen hat, und sucht ein Hotel auf, um dort zu übernachten. Es sind nur zwei Zimmer vorhanden, und eines davon will Hopfenblum unter der Bedingung nehmen, dass das zweite unbewohnt bleibt. Er könne, sagt er, auch das leiseste Geräusch nicht vertragen, und wenn ihn irgendein Lärmen erwecke, so sei es ihm nur schwer möglich, wieder einzuschlafen.

Man verspricht ihm alles, und er geht sofort zu Bett.

Nun kommt aber mit dem letzten Zuge – um 10 Uhr – noch ein alter Stammgast des Hotels an. Da man ihn nicht ohne Weiteres abweisen kann, so erzählt man ihm von dem wunderlichen Mann aus Posen. Aber der müde Reisende will sich nicht entfernen. Er schwört hoch und heilig, dass er nicht das geringste Geräusch verursachen und Herrn Hopfenblum, mit dem er im Übrigen bekannt sei, nicht stören werde. Daraufhin bekommt er das zweite Zimmerchen.

Als er sich aber entkleidet, hat er sein Versprechen für einen Moment vergessen und schleudert nach seiner Gewohnheit den ersten Stiefel, den er vom Fuße gezogen, gegen die Wand des Nebenzimmers. In demselben Augenblick erinnert er sich Hopfenblums und stellt nun den zweiten Stiefel ganz sachte vor sein Bett.

Das war gegen elf Uhr. Um vier Uhr morgens weckt ihn ein heftiges Pochen, das aus dem Nachbarzimmer kommt. Erschreckt springt er auf und ruft:

»Herr Hopfenblum, ist Ihnen was? Wollen Sie was?«

Und von jenseits der Wand kommen die gereizten Worte:

»Möchten Sie nich endlich den zweiten Stiefel an die Wand schmeißen?«

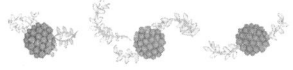

Wie fast jede Gemeinde, so hat auch die eines Städtchens in Mähren ihren eigenen »Schlemiel«, das ist: einen harmlos-gutmütigen Menschen, der mehr Pechvogel als närrisch ist, aber dank seiner geistigen Beschränktheit – »er ist zu dumm, um seine Dummheit zu merken«, heißt es – gleichsam ahnungslos durch das Leben geht.

Von diesem Schlemiel werden zwei Aussprüche erzählt.

Als an einem heißen Sommertage jemand ihn auf-
forderte, mit ihm ein Bad im Flusse zu nehmen, gab er
zur Antwort:

»Baden? Im Fluss? ... Gott soll hüten! ... Ich geh
erst baden, wenn ich kann schwimmen ...«

Eines Tages – er war damals siebenundzwanzig Jahre
alt – redet man ihm zu, sich doch endlich zu verheiraten. Er sei doch durch sein Geschäft (der »Schlemiel«
war Tischler und sehr fleißig) in der Lage, eine Frau zu
ernähren und eine Familie zu begründen.

»Gott«, meinte er traurig, »was soll ich heiraten?
Kinder kann ich ja doch nicht kriegen.«

»Aber Porges«, wurde er gefragt, »woher willst du
das wissen, dass du wirst keine Kinder haben?«

»Nu ...mein Vater hat doch auch keine Kinder gehabt ...«

»Was? Dein Vater hat keine Kinder gehabt? Wieso?«
»Nu ... ich hab doch gehabt einen Stiefvater ...«

Schlemiel Porges war, wie gesagt, ein sehr fleißiger
Mann, und wenn er auch so manches nicht begriff,
was in der Welt und um ihn herum vorging, so wusste
er doch, dass seine Arbeitsfreude seinen Wohlstand
wachsen ließ. Dafür hatte er volles Verständnis.

Eines Tages saß er da und rechnete eifrig. Ein Bekannter fragt ihn, was er treibe.

»Was soll ich treiben?«, gibt Schlemiel zur Antwort. »Ich klär (denke nach), wie ich kann in zehn Jahr zehntausend Gulden verdienen …«

»Nu. … was haste geklärt?«

»Ich hab geklärt, dass ich möcht wirklich haben so viel Geld in zehn Jahr, wenn ich möcht arbeiten Tag für Tag fünfundzwanzig Stunden …«

»Aber Porges! Das geht doch nicht! Hat doch der Tag nur vierundzwanzig Stunden!«

Darauf Schlemiel:

»Ich weiß … ich weiß doch … Aber ich kann doch anfangen zu arbeiten eine Stund vor Tag …«

Naftali Buttermilch, der in einem Dorfe bei Brody haust, ist zwar nur ein armseliges Schneiderlein. Dennoch aber hat er es möglich gemacht, dass sein ältester Sohn das Gymnasium besuchen und später an die Universität gehen konnte. Unterstützungen reicherer Glaubensgenossen und ein Stipendium tun das ihre, um ihm die Sache zu erleichtern.

Da nun der junge Student zu den großen Ferien – er ist gerade ein ganzes Jahr in Wien gewesen – nach Hause kommt, möchte Naftali Butterweich natürlich gern wissen, was sein schmucker Sprössling Schönes, Gutes und Unerhörtes gelernt habe in der Fremde, und als sie bei Tische sitzen, auf dem der Begrüßungskaffee dampft und ein mächtiger Kuchen seinen lieblichen Geruch verbreitet, fragt er ihn danach.

»Philosophie hab ich gelernt«, gibt der Student zur Antwort.

»Philosophie?«, sagt der Alte enttäuscht. »Was hat das für'n Nutzen, Jakob? Was kommt raus bei Philosophie?«

Jakob lächelt überlegen.

»Nu«, scherzt er, »zum Beispiel … Mit Hilfe der Philosophie kann ich dir beweisen, dass du, lieber Vater, der du doch hier neben mir sitzest und dir den Kaffee schmecken lässt, dass du gar nicht hier bist – –«

»Dass ich nicht hier bin … in Bielka? … In mein Haus? Unter meine Leute? Spaß! … sag, Jakob, wieso bin ich nicht hier?«

»Sage mir doch, Vater, biste in Krakau?«

»Nein, ich bin nicht in Krakau.«

»Also«, doziert der Student, »wenn du nicht bist in Krakau, bist du doch anderswo … Nicht?«

»Schön, ich bin anderswo … Was ist weiter?«

»Wenn du bist anderswo … und du sagst, dass du bist anderswo … kannste doch unmöglich in Bielka sein und in deinem Hause und bei uns …«

Naftali Buttermilch sieht seinen Sohn erstaunt an. Dann springt er auf, hebt die Hand und versetzt dem Studenten eine gewaltige Ohrfeige.

»Vater«, schreit der, »was schlägst du mich?«

»Ich? Ich schlag dich?«, ruft Naftali und lacht. »Ich … Wie kannste so lügen? … Ich bin doch gar nicht da!«

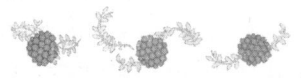

Jakob Pulvermacher aus Kolomea besucht die Universität in Wien. Drei Jahre war er nicht in der Heimat, denn er ist nicht nur ein fleißiger Student, sondern auch Hofmeister bei einer reichen Familie, mit der er während der Ferien Reisen macht. Kurz, als er endlich nach Hause kommt, ist er ein so feiner Mann geworden, dass seine Angehörigen aus dem Staunen gar nicht herauskommen.

Besonders sein Vater betrachtet ihn mit Misstrauen, denn Jakob ist in der Zwischenzeit so ganz anderes geworden, als er früher gewesen, und in des Alten Kopf hat sich der Gedanke festgesetzt, dass da etwas nicht in Ordnung sein müsse.

Am Abend nach der Heimkehr hilft er ihm beim Auspacken des Koffers. Verwundert nimmt er wahr, was alles der junge Mann mitgebracht hat.

»Ein Hemd«, brummt er, »und noch 'n Hemd … und wieder 'n Hemd … Was machste mit so viel Hemden? Nu weiß ich nicht, studierste in Wien oder handelste mit Hemden?«

Jakob klärt ihn lachend auf.

Dem murrenden Alten fällt in diesem Augenblick ein Gegenstand in die Hand, der ihm ganz rätselhaft scheint. Er hebt das Ding hoch und fragt:

»Und was soll das sein?«

»Das ist eine Zahnbürste«, erwidert Jakob.

»Zahnbürste? … Wozu braucht man eine Zahnbürste?«

»Damit putz ich mir jeden Morgen die Zähne …«

»Was putzte dir?«, … sagt der alte Pulvermacher. »Die Zähn putzte dir? … Jeden Morgen putzte dir die Zähn? …«

»Ja, lieber Vater.«

»Weißte was?«, schreit der Alte zornig. »Lass dir lieber gleich schmatten (taufen) …«

Nehemia Gleichgewicht und Fulek Ingwer sind in Krakau in den Zug gestiegen und haben sich's bequem gemacht. Dabei sieht Ingwer, dass Gleichgewicht eine Flasche Schnaps mit sich führt.

»Ist das Bronnef (Branntwein), was du da hast mit?«, fragt er.

»Ob's ist Bronnef! Und was hast du?«

»Was soll ich haben? Eine darre (gedörrte) Zung hab ich«, sagt Ingwer.

In der Nähe von Chrzanow holt Gleichgewicht die Flasche heraus.

»Lass mir auch trinken von deinem Bronnef!«, meint Ingwer und nimmt einen kräftigen Schluck.

Gleich darauf sagt Gleichgewicht:

»Ich hab dir trinken lassen von mein Bronnef, nu lass mir essen von deine darre Zung!«

»Darre Zung? Was für eine darre Zung!?«

»Haste nich gesagt, du hast eine darre Zung?«, schreit Gleichgewicht.

»Gehabt hab ich eine darre Zung«, erwidert Ingwer, »aber von dein Bronnef hab ich doch jetzt eine nasse Zung …«

Im weiteren Verlaufe der Fahrt bekommt Fulek Ingwer Hunger und sagt, dass er sich in Oderberg einen Rostbraten werde geben lassen.

»Was?«, regt sich Gleichgewicht auf. »Auf der Oderberger Station wirste essen Rostbraten? Dort haben sie doch treifene (nicht rituell zubereitete, den Juden also verbotene) Rostbraten. Und du wirst doch nich essen treifene Rostbraten?!«

»Wer sagt, dass ich werd ja essen treifene Rostbraten?«, gibt Ingwer zurück. »Aber wetten will ich mit dir, dass sie in Oderberg gar nicht haben treifene Rostbraten.«

Diese Wette nimmt Nehemia Gleichgewicht mit Vergnügen an.

Als sie nun in der Bahnhofswirtschaft zu Oderberg Platz genommen haben, ruft Ingwer den Kellner heran und fragt ihn:

»Haben Se hier treifene Rostbraten?«

Davon hat der Kellner noch nie gehört, und antwortet:

»Nein, treifene Rostbraten führen wir nicht.«

»Hab ich dir gesagt, Gleichgewicht?«, ruft Ingwer, und zum Kellner gewandt: »Also bringen Se mir einen anderen Rostbraten, wenn Se treifene nich haben – – – der Herr da wird alles bezahlen – – –«

Abraham Zitronsaft in Drillichau schuldet seinem Jugendfreunde, dem Tuchhändler Reichmann in Biala, 700 Gulden. Da sein Geschäft – er betreibt eine

Schneiderei – schlecht und immer schlechter geht, kann er seinen Gläubiger nicht befriedigen. Dieser fürchtet nun, sein Geld zu verlieren, und um wenigstens einen Teil davon zu retten, kommt er fast jede Woche nach Drillichau, das eine Bahnstunde von Biala entfernt ist, um den Säumigen zu mahnen und sich selbst zu überzeugen, ob Zitronsaft auf dem letzten Wochenmarkte nicht einiges Geld eingenommen hat, das er ihm geben könnte.

Da dies alles nichts nützt, versucht es Reichmann, seinem Schuldner sanft ins Gewissen zu reden.

»Sieh doch einmal, Zitronsaft«, sagt er zu ihm, »Woch' für Woch' komm ich zu dir. Und was hab ich davon? Nischt hab ich davon. Ist das schön von dir, dass du mich alten Mann den weiten Weg machen lässt, dass ich so viel Zeit versäumen muss deinetwegen?«

»Nu«, erwidert Zitronsaft, »es tut mir leid. Aber weißte was, Reichmann, es soll bald anders werden.«

»Willste mir endlich bezahlen?«, ruft der Gläubiger erfreut.

»Wie heißt bezahlen?«, meint Zitronsaft ruhig. »Aber nächstes Monat zieh ich nach Biala, da wirst du's wenigstens nicht so weit haben …«

Pinkus Bamberg, ein langaufgeschossener, strammer Bursche aus Jordanow, ist bei der Gestellung zur Kavallerie ausgehoben worden und dient bei den Ulanen.

Als er eines Tages zum Reitunterricht erscheint, bemerkt der Offizier, dass der Mann am linken Fuß keinen Sporn hat.

»Kerl!«, fährt er ihn an. »Du hast nur einen Sporn! Wo ist der zweite?«

Pinkus blickt seinem Vorgesetzten treuherzig ins Gesicht.

»Herr Leitnant«, sagt er, »es geht doch auch mit ein Sporn.«

»Mensch, wie kommst du auf diese Dummheit?«

»Wieso Dummheit?«, antwortet Pinkus Bamberg verwundert. »Wenn ich dem Pferd stech auf der einen Seit, muss doch die andere Seit von dem Pferd auch mitlaufen …«

Elias Mattersdorf aus Neutra, jenem ungarischen Städtchen, das – vor Zeiten natürlich – im ganzen Lande als ein Spitzbubennest galt (noch heute, wo sich die Verhältnisse längst geändert haben, bezeichnet man einen besonders schlauen Spitzbuben als »Neutraer Gannef«), ist bei einem reichen Onkel in Budapest einige Wochen lang zu Gast.

Als er einen Tag vor seiner Abreise sein Zimmer betritt, überrascht er den Onkel dabei, wie er vor seinem – Elias Mattersdorfs – Köfferchen kniet und gerade im Begriff ist, ein Schloss daran zu befestigen.

»Aber Onkel«, ruft er, »was tust du da? Was machst du noch ein Schloss an? Du siehst doch, dass der Koffer ist zugeschlossen. Es kann doch schon so keiner was rausnehmen. Was haste da für Angst?«

Darauf der Onkel:

»Ich hab doch keine Angst, dass jemand was kann rausnehmen, Elias. Ich hab nur Angst, dass jemand noch kann was reinlegen …«

Von einem kleinen Lande wird berichtet, dessen Fürst die Juden bedrängte. Nun hörte er, dass ein Rabbi unter ihnen sei, den sie wegen seiner Zaubermacht über Mensch und Tier hoch verehrten. Er ließ diesen Mann zu sich kommen.

»Wenn du meinem Leibpferde das Sprechen beibringst«, rief er ihm zu, »so will ich dich und deinen Stamm erhöhen; gelingt es dir aber nicht, dann lasse ich dich und alle deine Glaubensgenossen töten!«

Der Rabbi erzitterte bei diesen drohenden Worten, aber bald fasste er sich wieder und bat, dass ihm eine Zeit von drei Jahren gewährt werden möge für den Unterricht des Pferdes. Diese Zahl der Jahre brauche doch auch der Mensch, um die Sprache zu erlernen. Dem stimmte der Fürst zu.

Da er nun eines Tages in seinen Marstall kam, sah er daselbst den Rabbi, der vor dem Leibrosse stand und ihm folgende Worte ins Ohr schrie:

»Pferd, du Pferd … Tommer! Tommer! Tommer!«

»Was bedeutet dieses seltsame Wort, o Rabbi?«, rief der Fürst mit höhnischem Lachen.

»Es bedeutet: ›vielleicht!‹, o mein Fürst!«

»Und was ist der Sinn, dass du es dreimal sagst, du Weiser?«

Darauf der Rabbi:

»Das erste Mal: ›Tommer wird das Pferd krepieren!‹ … Das zweite Mal: ›Tommer wird der Fürst selbst sterben! … Dann bin ich meiner Aufgabe ledig – –‹«

»Und das dritte Tommer?«, brüllte der Despot mit zornfunkelnden Augen.

»Das dritte Tommer, o Fürst? ›Tommer lernt das Pferd wirklich sprechen!!‹«

VON SCHLUCKERN, SCHELMEN UND SCHNORRERN

Salomon Isaaksohn verdient sich seinen Lebensunterhalt damit, dass er für eine Reihe wohlhabender Glaubensgenossen, die zur Erfüllung der vom Ritus gebotenen Übungen keine Zeit, keine Lust oder keine Gelegenheit haben, die frommen Bräuche beobachtet – natürlich gegen Entgelt. Es handelt sich dabei in der Hauptsache um das »Kaddisch-Sagen« an den Sterbetagen der Eltern, um das Fasten am Versöhnungstage und auch um minder gewichtige Pflichten, von denen man sich gleichsam durch ein Almosen an einen Bedürftigen loskaufen möchte. Denn Wohltätigkeit hat bei den Juden stets so viel gegolten wie Gebet …

Zu Isaaksohns »Arbeitgebern« dieser Art gehört der Kommerzienrat Veilchenstein, der ihm für das Fasten am Versöhnungstage zehn Mark zu zahlen pflegt.

Kurz vor dem Feste kommt nun Isaaksohn zu Veilchenstein und erklärt, dass er für den genannten Betrag nicht mehr fasten könne; unter fünf Taler tue er es nicht …

Der Kommerzienrat ist erstaunt.

»Was, Sie können nicht mehr für zehn Mark fasten? Warum nicht?«

»Nu«, meint Salomon Isaaksohn, »die Lebensmittel sind doch teurer geworden …«

Isaaksohn fastete aber nicht nur für Herrn Veilchenstein, sondern auch für einen anderen Bankier. Da er gleichzeitig auch für seine Person sich des Essens und Trinkens am »langen Tage« enthielt, so hungerte und durstete er für drei.

Zum »Anbeißen« nach Beendigung des Gottesdienstes ließ er sich aber von seiner Frau so viel an Speis und Trank vorbereiten, dass seine Freunde von ihm sagten:

»Fasten tut er für drei … essen tut er für sechs.«

Isaaksohn übernahm auch die Nachtwache bei verstorbenen Glaubensgenossen. Wenn er von einem Todesfall hörte, ging er ins Trauerhaus und bot seine Dienste an.

»Was verlangen Sie für die Nacht?«, wurde er bei Krojanker gefragt.

»Ich hab zu bekommen zwanzig Mark für die Nacht«, erwiderte er.

»Zwanzig Mark?«, sagte der Herr, mit dem er verhandelte. »Vorhin war Jakob Levy da, der hat nur zehn Mark verlangt für die Nacht.«

»Was?«, rief Isaaksohn empört. »Zehn Mark?! Spaß! Ein schöner Unterschied: seine Nacht und meine Nacht …«

Reb Chaim Zittermann in Drillichau war wohl ein großer Gelehrter, zu den wahrhaft Frommen aber konnte er nicht gerechnet werden, weil er die Gebote über die

Reinlichkeit nicht beachtete. Er war kein Freund vom Baden und Waschen, und man sah es ihm an, dass er der Seife aus dem Wege ging. Sein Wissen jedoch machte ihn immerhin so geschätzt, dass man ihn wenigstens an den Feiertagen zum Festmahl einlud.

Eines Sabbats ist er beim neuen Vorsteher der Gemeinde zu Gast. Als das Essen aufgetragen wird, wendet er sich an seinen Wirt und sagt:

»Wenn Sie gestatten, Herr Meyersohn, werde ich mir jetzt die Hände waschen.«

Das Händewaschen vor der Mahlzeit ist nämlich vom jüdischen Ritus anbefohlen.

Herr Meyersohn sieht erst Chaim Zittermann im Ganzen, dann im Besonderen seine Hände an und meint dann lächelnd:

»Wie heißt … gestatten?! Ich bitte darum!«

Reb Chaim Zittermann war ein ganz dünnes, mageres Männchen. Als man wieder einmal über seine Furcht vor Wasser und Seife sprach, meinte der stets wohlwollende Rabbi Kestenmacher:

»Lasst doch schon gut sein … Wenn Reb Chaim sich möcht gründlich waschen, möcht doch nebbich nischt von ihm übrig bleiben …«

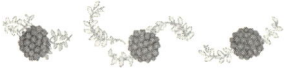

Unter »Thefillin« werden bekanntlich die Gebetriemen verstanden, die der fromme Jude am Morgen jedes Werktages zum Frühgebet anlegen muss. Es sind dies zwei aus feinem Kalbleder hergestellte, schmale, an der Außenseite schwarzgefärbte Bänder, die je eine Kapsel tragen. Diese Kapseln, die das auf Pergament geschriebene Glaubensbekenntnis an einen einzigen, ewigen Gott, das sogenannte »Schmah!«, enthalten, werden unter Segenssprüchen um den linken Arm und um die Stirn gebunden, und bleiben an diesen Stellen, während das ganze Gebet verrichtet wird. Der Gebrauch stammt aus einer wörtlichen Auslegung eines poetischen Bibeltextes (5. Buch Mosis, Kapitel 6): »Du sollst sie (die Lehre vom einzigen Gotte) binden zum Wahrzeichen an deine Hand und sie sollen sein zum Denkmal zwischen deinen Augen.«

Die »Thefillin« dürfen, wie gesagt, nur wochentags angelegt werden und nur zum Frühgebet, vor dessen Erledigung weder Speis noch Trank gestattet ist. Nur an einem einzigen Tage werden die Gebetriemen erst des Abends angelegt: an dem Fasttage zur Erinnerung an den Untergang des Tempels zu Jerusalem, dem neunten Tage im Monate Ab, »Tischeboff« genannt.

Darauf bezieht sich der vielzitierte Ausspruch eines weisen Rabbi.

Der wurde gefragt, ob es einen jüdischen Mann geben könne, so verderbt und sündhaft, dass er an Tischeboff die strengen Fastengebote übertrete und schon am Morgen oder zu Mittag esse und trinke.

Sagte der Rabbi, nachdem er eine Weile »geklärt« hatte:

»Einen solchen Mann kann es nicht geben!«

»Wie?«, rief man ihm zu. »Warum kann es solchen Mann nicht geben? Gibt es doch viel Sünde und Gottlosigkeit in der Welt!«

Der Rabbi lächelte überlegen.

»Unsere Waisen«, meinte er, »haben doch bestimmt, dass man vor dem Thefillin-Legen nicht darf essen noch trinken. Schön! Und am Tischeboff darf man doch erst am Abend Thefillin legen – – nu ess …«

Herr Salme Feuerschein in Zbaraz bei Tarnopol erhält eines Tages von seinem Sohne, der in Wien Medizin studiert, einen Brief, in dem der junge Mann stürmisch Geld verlangt. Das Schreiben schließt mit den drohenden Worten: »Wenn ich die dreißig Gulden nicht postwendend erhalte, dann werde ich etwas tun, was ein jüdischer Mann noch nie getan hat …«

Der erschreckte Salme Feuerschein läuft mit dem Briefe zum Rabbi. Der denkt einige Zeit nach und sagt dann feierlich:

»Salme, folg meinem Rat, geh hin, schick ihm das Geld, und haste keine Geld, so borg dir's. Die Sache ist schrecklich.«

»Gott«, jammert Feuerschein, »was will er denn machen? Will er sich schmatten (taufen) lassen?!«

»Nein«, meint der Rabbi ernst, »das nicht, denn das haben jüdische Leute leider schon gemacht … Schick ihm das Geld, und er soll gleich schreiben, was er hätte gemacht, wenn du es ihm nicht schicken möchtest!«

Salme Feuerschein tut nach den Worten des Rabbi. Nach fünf Tagen kommt er mit dem Briefe an. Darin steht:

»Wenn du mir das Geld nicht geschickt hättest, lieber Vater, würde ich Thefillin gelegt haben am Schabbes … Das hat ein jüdischer Mann noch nie getan …«

Der Rabbi lacht:

»Recht hat er, der Gannef (Spitzbube) … Aber was studiert er Doktor? Er soll Advokat werden …«

Unter den beim ersten Garde-Grenadier-Regiment eingerückten Reservisten befindet sich auch Wilhelm Kohn aus Gleiwitz. Er ist ein frommer junger Mann, der – mit Erlaubnis des Feldwebels – sich allmorgendlich in eine Ecke des Mannschaftszimmers zurückzieht, die Thefillin anlegt, wie es vorgeschrieben ist, und still sein Frühgebet verrichtet.

Eines Morgens betritt der Hauptmann das Zimmer, während Kohn, das Gesicht nach Osten, seine Andacht verrichtet. Da er nicht weiß, was es für eine Bewandnis hat mit dem so seltsam geriemten Soldaten, fragt er den Stubenältesten, der ihm die Sache erklärt.

Darauf nähert sich der Hauptmann dem Betenden, legt ihm die Hand auf die Schulter und sagt wohlwollend:

»Brav, lieber Kohn. Ich hab es gern, wenn meine Leute gottesfürchtig sind. Fahren Sie so fort, aber merken Sie sich für die Zukunft« – hier berührte er die Thefillin – »unser Bataillon hat … weißes Lederzeug …«

Nathan Wolfensohn aus Krakau beschließt eines Tages nach Wien zu fahren und sich's bei seinen dort wohnenden, wohlhabenden Onkeln Elias und Markus ein paar Wochen lang wohl sein zu lassen.

Nach einigen Tagen schon kehrt er indes zurück. Als man ihn fragt, wie es ihm ergangen und wie er aufgenommen worden sei, berichtet er:

»Spaß, wie es mir ist gegangen! Gerissen haben se sich um mir, dass ich's nicht mehr hab ausgehalten.«

»Wieso haben se sich um dir gerissen?«

»Wieso? Nu … Onkel Elias hat durchaus gewollt, ich soll bei Onkel Markus essen, und Onkel Markus hat durchaus gewollt, ich soll bei Onkel Elias essen …«

In dem kleinen Café Abeles in Wien erscheint seit einigen Tagen ein Gast, der sich sehr ungeniert benimmt. Dass er nichts verzehrt, würde man ihm noch hingehen lassen, denn an dergleichen Leute ist man in den kleinen, jüdischen Lokalen am Ende gewöhnt; man lässt sie auch ruhig gewähren, da man annehmen darf, dass es arme Teufel sind, die für ein halbes Stündchen einen behaglichen Unterschlupf suchen, wo sie im Kaffeedunst sitzen und einen Blick in die Zeitungen tun dürfen.

Zu solcher Art Zaungästen gehört nun Herr Simon Rappaport gerade nicht. Er tritt sehr selbstbewusst auf, stapelt alle Zeitungen, deren er habhaft werden kann, vor sich auf und ruft jeden Augenblick nach frischem Wasser. Wenn er mit der Lektüre fertig ist, begibt er sich an die Kartentische und »kiebitzt« den Tarock- oder Klabbriasspielern stundenlang.

Auch das ließe man sich noch gefallen. Aber Simon Rappaport ist gar zu unverschämt. Er macht höhnische Bemerkungen, wenn der Mann, dem er zusieht, einen Fehler begeht, und redet allen darein. Wiederholt haben die Gäste den Cafetier auf den »frechen Menschen« aufmerksam gemacht, aber der Wirt will keinen Skandal und lässt Rappaport, der sich bei ihm wie zu Hause fühlt, ruhig weiter gewähren.

Bis eines Tages das Maß überläuft … Herr Rappaport, der offenbar sehr gut zu Mittag gegessen hat, sitzt wieder am Kartentisch und treibt den üblichen Unfug. Da geschieht es, dass »es ihm aufstößt«: Er rülpst. Das ist den Spielern denn doch zu viel. Sie rufen Herrn Abeles und fordern ihn auf, Simon Rappaport hinauszuweisen, denn ein solches Benehmen ließen sie sich nicht gefallen.

Herr Abeles kommt ganz aufgeregt heran und schreit den Missetäter an:

»Was glauben Sie, möcht man im Café Habsburg tun, wenn Sie sich dort so benehmen möchten?«

Und Simon Rappaport sehr ruhig:

»Im Café Habsburg? Spaß! Da möcht man zu mir sagen: ›Wenn Se sich ordinär benehmen wollen, so geh'n Se ins Café Abeles‹ …!«

In dem ungarischen Städtchen St. Miklós spielt eine deutsche Theatergesellschaft, macht aber sehr schlechte Geschäfte. Die Stücke, die aufgeführt werden, interessieren das jüdische Publikum – und dieses stellt fast ausschließlich die Besucher – sehr wenig, und so bleibt der Saal Abend für Abend leer.

Dem schier verzweifelnden Direktor kommt endlich ein rettender Gedanke. Er kündigt Eugen Sues Drama »Der ewige Jude« an und verspricht den Bewohnern der Stadt große Überraschungen, besonders in jenem Akte, dessen Szene einen uralten jüdischen Friedhof vorstellt …

Die Überraschung aber besteht in Folgendem: Die Grabsteine auf dem Friedhof, wo Ahasver wieder einmal den Tod sucht, sollen – um ebenso echt wie schauerlich zu wirken – wirklich lesbare hebräische Inschriften zeigen. Zu diesem Ende wendet sich der Theaterdirektor an den Schammes (Tempeldiener) der St. Miklóser Gemeinde und bittet ihn – ohne seine Absichten weiter zu verraten – eine Reihe von Leinwandstücken mit hebräischen Worten zu versehen, was auch pünktlich geschieht.

Das Theater ist an jenem Abend ausverkauft. Als aber der Vorhang in die Höhe geht und den alten Friedhof im Mondschein sehen lässt, beginnt das Publikum zu kichern. Dann geht ein Lachen durch den Saal, das sich bei jedem Worte, das auf der Bühne gesprochen wird, stürmisch erneuert.

Was war geschehen?

Jeder Grabstein auf dem schauerlich-schönen Friedhof zeigte in weithin leuchtender Schrift das Wort:

כשר

D. h. »Koscher« – rituell zubereitet und den Juden zum
Essen erlaubt …

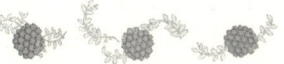

Vor dem Moltke-Denkmal zu Berlin stehen zwei Pose-
ner Juden, betrachten es aufmerksam und tauschen
dabei in lebhafter Weise ihre Gedanken aus.

Einige junge Offiziere amüsieren sich über die Ges-
ten und Worte der beiden Juden, und einer von ihnen
beginnt die Fremden unter dem Lachen der anderen
zu kopieren.

Da wendet sich Moses Bromberg lächelnd um, und
während er seinen Arm gegen das Denkmal des großen Schlachtendenkers ausstreckt, sagt er höflich:

»Herr Leitnant … was machen Se – nebbich! – uns
nach? Machen Se dem nach …«

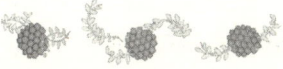

Zum reichen Kohnfeld in Gnesen kommt ein Ver-
wandter und bittet ihn um eine Unterstützung.

»Es tut mir leid«, sagt Kohnfeld, »aber ich kann dir
nichts geben. Beim besten Willen … Was glaubste, was
mein Sohn, der Doktor, in Berlin für Geld braucht …
Jeden Tag schreibt er mir, ich soll ihm Geld schicken.«

»Auf was braucht er so viel Geld?«, fragt der andere erstaunt.

»Weiß ich?«, meint Kohnfeld und zuckt die Achseln. »Schick ich ihm denn?«

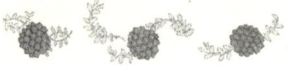

Drei Bochrim (Talmudschüler), die sich auf der Wanderschaft befinden, haben in einem Hause, wo eben Hochzeit gefeiert wurde, ein Gansviertel geschenkt bekommen. Da ihnen aber auch Speis und Trank geboten wurden, so sind sie für heute genug gesättigt und beschließen, den fetten Braten für morgen zu lassen.

Für drei Mann, besonders für drei mit gutem Appetit gesegnete Bochrim, ist nun ein Gansviertel nicht viel, sozusagen »nur für einen hohlen Zahn«, und so verabreden sie, dass jenem von ihnen das ganze Stück zufallen solle, der in der kommenden Nacht den schönsten Traum haben werde.

Am nächsten Morgen sitzen sie beisammen und erzählen sich ihre Träume.

Die ersten beiden haben Herrliches erschaut. Der eine war im Garten Eden, im Paradiese, das er mit feurigen Zungen schildert. Dort hat er vor dem Baume gestanden, an dem Adam zum Sünder geworden. Und eine Stimme habe ihm zugerufen: »Wenn du von den Früchten dieses Baumes nicht pflückst, sollst du belohnt werden!« Er habe nun lange dagestanden und seine Begier, nach den goldigen Aepfeln zu greifen, bemeistert. Da habe die Stimme gerufen: »Weil du besser bist als dein Urvater Adam, sollst du morgen früh das Gansviertel bekommen!«

Der zweite Bocher hatte geträumt, er sei in allen Himmeln gewesen. Im ersten habe er Tausende weißer Gänse weiden sehen auf smaragdenen Wiesen, im zweiten lauter schwarze, im dritten lauter gesprenkelte, im vierten wären die Gänse geschlachtet, im fünften gebraten, im sechsten zerschnitten worden, im siebenten aber saß Gottes Herrlichkeit selbst mit seinen Heerscharen und ließ sie mit den gebratenen Gänsen, von denen ein wunderbarer Duft ausging, bewirten. Er aber, der Bocher, saß mitten zwischen den Engeln. Eben schwebte ein Seraph herbei und reichte ihm ein saftiges Stück, eben wollte er es zum Munde führen – – da erwachte er. Er habe aber das süße Gefühl, dass er das Gänseviertel bekommen müsse.

Der dritte Bocher saß wie verklärt da und schwieg.

»Und wie war dein Traum?«, riefen die beiden andern.

»Mein Traum war kurz«, begann er endlich zu berichten. »Ich träumte, ich sei in einer Wüste, und mir war, als hätte ich vierzig Tage und Nächte lang gefastet. Und ein fürchterlicher Hunger war in mir – – ein Hunger – – ein Hunger – –«

Er machte eine Pause, als wollte er das Schreckliche nicht weiter ausspinnen.

»Nu … und was weiter?«, riefen die Bochrim gespannt.

»Was soll sein weiter? Wie der Hunger nicht hat aufhören wollen, bin ich aufgestanden und hab das Gansviertel aufgegessen.«

Schmul Elfenbein ist ein tüchtiger Arbeiter, und es würde ihm und den Seinen ganz gut gehn, wenn er nicht ein »Schicker«, ein Säufer, wäre. Kaum hat er den Wochenlohn in der Tasche, so beginnt er auch zu »schickern«, und für sein Weib ist es schon eine Freude, wenn sie wenigstens einen Teil des Geldes mit dem Trunkenen heimbringen kann.

Seitdem Schmul aber in der Nachbarstadt Arbeit gefunden hat, lässt er nichts mehr von sich hören. Seine Familie leidet Not, und Frau Elfenbein entschließt sich schweren Herzens, an den Rabbi der Stadt zu schreiben, damit er ihrem Mann ins Gewissen rede.

Der Rabbi lässt Elfenbein kommen und macht ihm schwere Vorwürfe.

»Mensch«, sagt er zu ihm, »was bist du gewissenlos! Warum schickst du deinem Weibe nichts von deinem schönen Verdienst?«

Da ruft Schmul Elfenbein mit tränenden Augen:

»Gott, was will se denn? Ich schicker … ich schicker* … und sie hat immer nischt.«

Sally Blumenfeld aus Krotoschin begibt sich nach Berlin, um hier reichgewordene Landsleute aufzusuchen, und kommt auch zum Bankier Goldenstein, mit dem

* »ich schicker« bedeutet »ich schicke ihr«, aber auch »ich saufe«.

er, wenn auch recht entfernt (»Vetter Fuhrmanns Peitschenstock« heißt es in Posen) verwandt ist.

Herr Goldenstein will sich auf eine Erörterung dieser Verwandtschaft nicht weiter einlassen und reicht dem Manne, der eine Unterstützung erbeten hat, ein Zwanzigmarkstück. Damit denkt er den Besucher los zu sein.

Aber Blumenfeld rührt sich nicht von der Stelle.

»Aber was wollen Sie denn noch?«, fährt ihn der Bankier an. »Sind Ihnen zwanzig Mark etwa nicht genug?«

»Wie heißt genug?«, gibt Blumenfeld zurück. »Die zwanzig Mark sind für die Verwandtschaft ... aber außerdem bin ich doch auch ein Schnorrer ...«

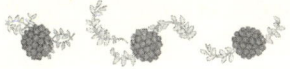

Zwei Hausierer in Wien gehen an einem eleganten Restaurant vorbei und sehen durch die Spiegelscheibe, wie dort eine vergnügte Herrengesellschaft Champagner trinkt.

Da seufzt Isaak Kornbein auf und sagt zu Jakob Peiseles:

»Weißte, Jakob ... Champagner möcht ich auch wieder einmal trinken ...«

Peiseles sieht ihn erstaunt an.

»Was? Haste denn schon einmal getrunken Champagner?«

»Nein«, meint Kornbein wehmütig, »aber schon einmal gemöcht ...«

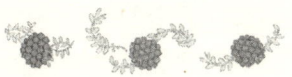

Leib Biegeleisen ist von seinen Schnorrerfahrten aus dem Westen nach Tarnow zurückgekehrt und erzählt von seinen Erfolgen und Abenteuern.

»Wie ich war in Prag«, berichtet er, »hab ich mir gemacht einen schönen Spaß.«

»Was für einen Spaß?«

»Ich sag eich, ganz Prag hab ich gefoppt!«, ruft er lachend.

»Wieso haste gefoppt ganz Prag?«, wird er verwundert gefragt, denn er gilt gerade nicht als besonderes Licht in Israel.

»Wieso? Nu … ich bin doch Leib Biegeleisen, und in Prag hab ich alle Leit gesagt, dass ich bin Hersch Gleichgewicht …«

Mendel Wasserzweig sitzt mit Schmul Goldfarb beim Kartenspiel. Plötzlich bemerkt er, dass sein Partner falsch spielt, und springt entrüstet auf.

»Schmul«, schreit er, »du betrügst − −«

»Was regste dir auf?«, gibt Schmul ruhig zurück. »Das weiß ich doch selbst …«

Im Wirtshause zu Neutra in Ungarn sitzen fünf Herren um den Tisch und spielen »Einundzwanzig«, das bekannte Kartenhazard.

Plötzlich schlägt Isidor Mondschein mit der Faust auf und schreit:

»Ganeff … Ganeff … (Spitzbube) … halt, einer spielt falsch!«

»Wieso?«, rufen die andern. »Wieso? Wer?«

»Weiß ich, wer? Aber ich hab gehabt in mein Stiefel ein fünftes Ass, und das hat mir einer gestohlen …«

In einem Wiener Kaffeehause spielt Leo Wassertrilling mit Moritz Spitzkopf »Franzefuß«. Hinter Spitzkopf steht ein Freund Wassertrillings und »kiebitzt«.

Als nun Wassertrilling nicht weiß, welche Farbe er ausspielen soll, sieht er seinen Freund an. Dieser zwinkert und tippt sich auf die Brust. Darauf spielt Wassertrilling Herz …

»Chammer (Esel)!«, fährt der Freund auf. »Ich heiß doch nicht Herz, ich heiß doch – Pick …«

In einem ungarischen Kaffeehause der New Yorker Judenstadt taucht eines Tages ein Herr Aladar Kubinyí auf, der früher – allerdings unter einem anderen Namen – in Budapest gelebt hatte und von dort nach erheblichen Unterschlagungen verschwunden war.

Seine Leidenschaft für die Karten führt ihn bald wieder an den Spieltisch, aber er ist zunächst sehr bescheiden und »kiebitzt« nur, d. h. er steht stundenlang hinter den Spielern, sieht zu und gibt dem und jenem einen guten Rat.

Einer der Spieler, dem er »Glück« gebracht, lädt ihn nun ein, sich zu setzen, da meint ein anderer:

»Lass ihn nur steh'n, Goldlack, wenn er hätt – nebbich! – sitzen wollen, wär er doch geblieben in Budapest ...«

Isidor Diamant steht vor der Assentierungs-(Gestellungs-)Kommission in Lemberg. Nachdem er gemessen und untersucht worden ist, soll er für diensttauglich erklärt werden.

Dem aber kommt er durch die Angabe zuvor, dass er in hohem Grade kurzsichtig sei.

Der Regimentsarzt, der seine Leute kennt, mag sich erst nicht auf die bekannte Brillenprüfung einlassen, sondern meint ruhig:

»Na, Diamant, wie wollen Sie das beweisen?«

»Wie ich das will beweisen? Nu, Herr Doktor, seh'n Se einmal dort rauf zu der Stubendeck ... seh'n Se dort? ... Dem kleinen schwarzen Punkt?! ... Das is eine Fliege ... Seh'n Se die Fliege, Herr Doktor?«

»Jawohl«, erwidert der Regimentsarzt lächelnd, »die Fliege seh ich ...«

Darauf Isidor Diamant mit Genugtuung:

»Ich nicht ...«

Zu einem bekannten Wiener Bankier kommt ein Bittsteller und klagt, dass ihm alle seine Versuche, wieder hochzukommen, alle seine Unternehmungen missraten wären, und dass er überhaupt ein rechter Schlemiel sei, dem nichts und nichts gelingen wolle.

Er schließt seine Bitte um ein »Darlehn« mit den Worten: »Wenn Sie mir schon nicht glauben, Herr Baron, dem Rabbi Porges aus Znaim werden Sie sicher glauben. Zehen Sie her« – er überreicht dabei ein Schriftstück – »hier bestätigt er mit seiner eigenen Hand, dass mir ist mein Haus abgebrannt und dass ich bin jeder Unterstützung würdig …«

Der Bankier nimmt den Brief an sich und geht damit in sein Geschäftskontor. Nach einer Weile kommt er wieder und schreit entrüstet:

»Ich will Ihnen was sagen, Sie! Zufällig ist der Sohn des Rabbi Porges aus Znaim bei mir Buchhalter. Der Brief ist gefälscht. Wie können Sie so lügen? Machen Sie, dass Sie fortkommen!«

»Gott, Herr Baron!«, jammert der Schnorrer. »Muss gerade bei Ihnen der junge Porges sein! Nu … ist es nicht die Wahrheit, wenn ich sag, dass ich bin ein Schlemiel?!« …

Abraham Meilstein ist – nicht zum ersten Mal – wegen Betrugs zu zwei Jahren Zuchthaus verurteilt worden. Ein Kriminalbeamter bringt ihn nach Rawitsch.

Als die Station erreicht ist, ruft der Schaffner in das Abteil:

»Rawitsch, fünf Minuten Aufenthalt …«

Da erhellt sich die Miene des Gefangenen, und er sagt lächelnd zu seinem Begleiter:

»Im Vermögen möcht ich haben, was ich länger Aufenthalt hab …«

Da er nach Verbüßung der Strafe nach Hause kommt, findet er ein Kind von acht Monaten vor, das ihm seine Frau inzwischen geschenkt hat.

Kurze Zeit darauf stirbt dieses Kind, und Meilenstein muss als Vater die Trauer mitmachen, d. h. acht Tage lang im Hause bleiben und, wie der Ritus es für die nächsten Angehörigen eines Dahingeschiedenen vorschreibt, auf einem niedrigen Schemel sitzen.

Als ihm ein Besucher seine Teilnahme ausspricht, gibt er seufzend zur Antwort:

»Lass gut sein … In meinem ganzen Leben hab ich noch nicht so unschuldig gesessen wie jetzt …«

Schlemielche kommt nach Hause und erzählt seiner Frau:

»Spaß, Sarah, hab ich jetzt ein Glück gehabt.«

»Was für ein Glück haste gehabt?«

»Denk dir, ich geh über die Grodgasse (in Krakau), und da kommt etwas ein Mensch auf mir zu und fragt, wie spät dass es ist … Sag ich: eins … Und haste nich gesehn? … Gibt mir der Mensch, was ich gar nicht kenn, gibt mir der Mensch ein Patsch ins Gesicht, dass mir wackeln die Zähn« …

»Und wo ist das Glück dabei?«, schreit die Frau.

»Wo das Glück ist? … Spaß! Wenn ich denk, dass es hat sein können nicht eins, dass es hat gerade sein können zwölf! …«

»Wie ich bin gewesen in Frankfurt«, prahlt Jankele, zubenannt »der Graf«, vor einem anderen Schnorrer in der Herberge, »hat mich eingeladen Amschel Rotschild zu Mittag. Ich sag dir … was ich hab gegessen und wie ich hab gegessen … Mit goldene Messer und Gabeln hab ich gegessen …«

Darauf der andere:

»Zeig her – – –«

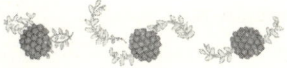

Ein polnischer Schnorrer lässt sich beim alten Amschel Rotschild melden, wird aber abgewiesen. Dagegen wird ihm auf seine Bitte erlaubt, vier Buchstaben aufzuschreiben, die alle seine Wünsche ausdrücken sollen. Er schreibt mit hebräischen Zeichen: G …m …r …a … Was etwa »Gemara« (ein Teil des Talmuds) zu lesen ist.

Nun wird Rotschild neugierig und lässt den Mann zu sich führen.

»Was bedeutet Euer G …m …r …a?«, fragt er freundlich.

Nu, was soll's bedeiten? … Gebt Moos, Rebb Amschel!«

Der alte Herr ist zwar sehr enttäuscht, lässt aber dem Schnorrer eine Gabe reichen.

Der jedoch schreibt noch einmal die vier Buchstaben auf und reicht mit schlauem Lächeln den Zettel von neuem hin.

Rotschild ist der Meinung, dass der Witz kommen müsse, der ihn mit der Frechheit des Bettlers versöhnen werde, und fragt:

»Und was bedeutet jetzt Euer G … m … r … a?«

»Nu, was soll's bedeuten? … Gebt mehr, Rebb Amschel …«

Ein Schnorrer bittet eine jung verheiratete Frau, ihn doch für den Sabbat zu Mittag einzuladen. Sie sagt, dass sie nur weniges koche und fürchte, er werde bei ihr nicht satt werden. Er versichert aber, er esse »wie ein Vögelche«.

Beim Mittagsmahl stürzt er sich aber auf alle Schüsseln und greift so schnell und gründlich zu, dass zwar er selbst satt wird, das junge Ehepaar aber sich hungrig vom Tisch erhebt.

Unmutig meint die junge Frau:

»Und dabei habt Ihr gesagt, Ihr esst wie ein Vögelche – –«

»Nu«, erwidert der Schnorrer und streicht sich den Bart, »ein Vögelche esst doch auch, bis es hat genug …«

Ein anderer Schnorrer schwört unter gleichen Umständen, er habe »ein Mägelche wie ein klein Kind.«
Zur Rede gestellt, breitet er die Hände auseinander
und sagt: »Ein klein Kind ist mindestens so groß ... So
ein Mägelche hab ich ...«